"十四五"新工科应用型教材建设项目成果

新编21世纪高等职业教育精品教材

装备制造类

电工电子技术

主　编◎张弘扬　胡晶晶　朱　涛

副主编◎于　成　肖心远　刘艳翠

贾梦琦　史利娟　陈林腊

严仕先　宋菲菲　周凤霞

罗锡亮　葛　满　胡　艳

平怀荣

中国人民大学出版社

·北京·

图书在版编目（CIP）数据

电工电子技术 / 张弘扬，胡晶晶，朱涛主编. -- 北京 : 中国人民大学出版社，2024.1
新编 21 世纪高等职业教育精品教材 . 装备制造类
ISBN 978-7-300-32517-0

Ⅰ.①电… Ⅱ.①张… ②胡… ③朱… Ⅲ.①电工技术－高等职业教育－教材②电子技术－高等职业教育－教材 Ⅳ.①TM②TN

中国国家版本馆 CIP 数据核字（2024）第 016732 号

“十四五”新工科应用型教材建设项目成果
新编 21 世纪高等职业教育精品教材·装备制造类

电工电子技术

主　编　张弘扬　胡晶晶　朱　涛
副主编　于　成　肖心远　刘艳翠　贾梦琦　史利娟　陈林腊　严仕先　宋菲菲　周凤霞
　　　　罗锡亮　葛　满　胡　艳　平怀荣

Diangong Dianzi Jishu

出版发行	中国人民大学出版社		
社　　址	北京中关村大街 31 号	**邮政编码**	100080
电　　话	010－62511242（总编室）		010－62511770（质管部）
	010－82501766（邮购部）		010－62514148（门市部）
	010－62515195（发行公司）		010－62515275（盗版举报）
网　　址	http://www.crup.com.cn		
经　　销	新华书店		
印　　刷	中煤（北京）印务有限公司		
开　　本	787 mm×1092 mm　1/16	**版　　次**	2024 年 1 月第 1 版
印　　张	12	**印　　次**	2025 年 8 月第 4 次印刷
字　　数	242 000	**定　　价**	55.00 元

P R E F A C E

前言

党的二十大报告指出，教育、科技、人才是全面建设社会主义现代化国家的基础性、战略性支撑。教育是国之大计、党之大计。职业教育是我国教育体系的重要组成部分，肩负着“为党育人、为国育才”的神圣使命。本教材以习近平新时代中国特色社会主义思想为指导，深入贯彻落实党的二十大精神，将思想道德建设与专业素质培养融为一体，着力培养爱党爱国、敬业奉献，具有工匠精神的高素质技能人才。

“电工电子技术”作为高职电类相关专业的专业基础课程，其教学质量将直接影响制造业的发展水平，这就对职业院校教学改革以及教材建设提出了新的要求，最主要的就是要根据智能制造型企业对高职电类相关专业毕业生电工电子技术技能的需求对教材进行体系、架构、形式等方面的创新。

本教材以教育部相关专业教学标准为依据，以高等职业院校人才培养目标和专业基础课程教学改革的基本要求为立足点，采用“项目—任务编写模式”，从电工技术、模拟电子技术和数字电子技术三个方面，对电工电子技术进行了详细介绍。通过学习，学生不仅可以掌握电工电子技术基本知识及基本技能，还将具备设计和分析电子电路的能力。

本教材适合作为高等职业院校工科类专业（如机械类、机电类、汽车类等专业）教材，也可以作为相关岗位培训参考用书。

本教材的特色如下：

（1）本教材采用活页形式呈现，方便在任务实施过程中实现生生交互、师生交互，以及对教材的二次开发。

（2）本教材按“项目—任务”编排内容，每个任务设有“知识链接”和“任务实施”栏目，在保证基础理论和基本知识够用的前提下，强化实践和应用，注重工作过程的体验，突出基本技能的训练和职业素养的培育，充分体现“学做一体”的理念。

（3）体现职业特色，突出理实一体。将“够用”的“理”融入“适用”的“实”中，让学生在掌握基本电学理论的同时，掌握操作技能。

（4）渗透思政教育，拓展教学范畴。培养学生爱党爱国思想，坚定理想信念，加强品德修养，锻造精益求精的大国工匠精神。

（5）教学资源丰富。作为新形态一体化教材，除纸质教材外，师生可获得在线数字课程资源的支持，此外，教材还配有 PPT 课件、微课、教案和延伸阅读等资源。

（6）编写团队教学经验和企业工作经验丰富。本教材由多所院校专业教师联编，编者均具备双师资格，并有多年的企业实践经验。

本教材共有 7 个项目，17 个任务，建议安排 80 学时，另可设置 2～3 个实训周。各部分内容的课时分配建议如下：

教学内容	课时分配
项目一　常用电工工具与电子仪表	12
项目二　直流电路的分析与调试	8
项目三　正弦交流电路的分析与调试	12
项目四　变压器和电动机	16
项目五　常用半导体元件及应用	12
项目六　集成运放及应用	8
项目七　数字电路的分析与调试	12

教材编写过程中，编者参考了很多优秀教材和资料，还得到了很多同行老师的帮助和支持，在此谨表示衷心感谢！由于时间仓促，加之编者水平有限，书中难免存在不妥之处，恳请广大读者批评指正。

编者

C O N T E N T S

目录

项目一
常用电工工具与电子仪表

知识目标

1. 掌握验电笔、各种钳子、电工刀、螺钉旋具和扳手的使用方法及注意事项。

2. 掌握直流电源、电压源、电流源和直流电压表、直流电流表的使用方法及注意事项。

3. 掌握数字万用表的使用方法及注意事项。

4. 掌握信号发生器和示波器的使用方法及注意事项。

5. 掌握绝缘电阻表和钳形电流表的使用方法及注意事项。

技能目标

1. 能正确使用各种电工工具和仪表。

2. 遵守电工安全操作基本要求。

素养提升

培养爱党、爱国、遵纪守法的意识；培养环保意识和安全意识；培养探索未知、追求真理的责任感和使命感；培养精益求精的大国工匠精神；厚植科技报国的家国情怀。

任务一　常用电工工具的使用

1-1　常用电工工具的使用方法

常用电工工具是指维修电工常用的工具，包括验电笔、钳子、电工刀、螺钉旋具和活扳手等便于携带的工具，熟练掌握常用电工工具的使用方法和安全操作规程是学习电工电子技术的基础。

知识链接

一、验电笔

1. 功能

验电笔也称“试电笔”或“测电笔”，俗称“电笔”，它是用来检测导线、电器和电气设备的金属外壳是否带电的一种电工工具。

2. 分类

验电笔可分为钢笔式、螺丝刀式和数显感应式 3 种，如图 1-1-1 至图 1-1-3 所示。

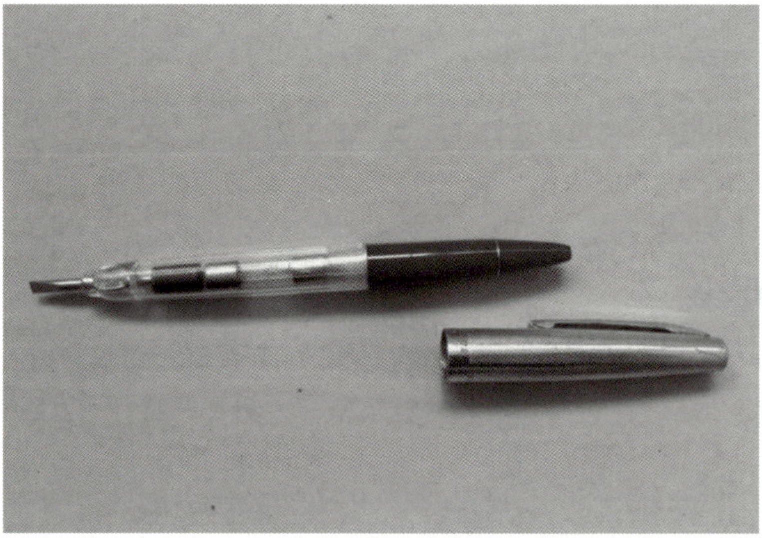

图 1-1-1　钢笔式验电笔

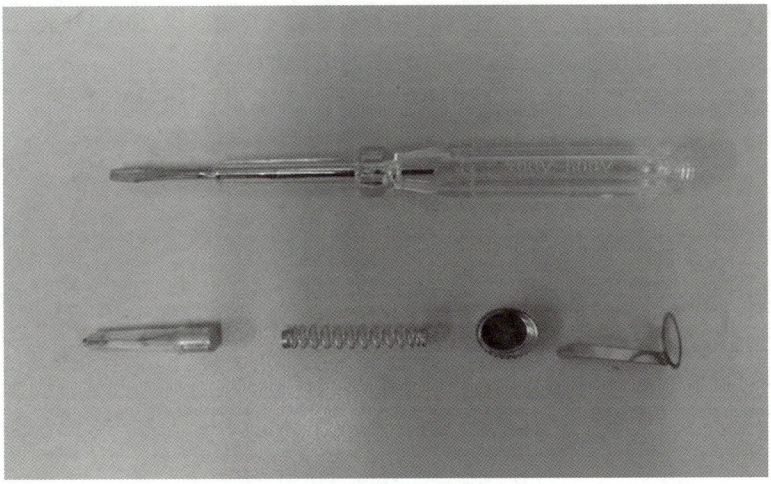

图 1-1-2　螺丝刀式验电笔

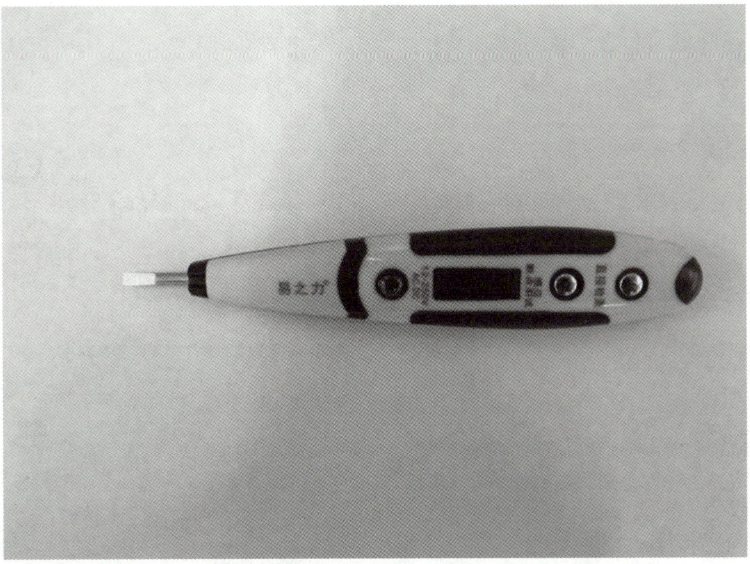

图 1-1-3　数显感应式验电笔

3. 验电笔的使用方法

（1）普通验电笔的使用方法。

使用验电笔时，用拇指（食指）和中指夹持笔身，食指（拇指）接触笔尾金属体或笔挂。当带电体与接地之间的电位差大于 60V 时，氖管产生辉光，证明有电。验电笔的握笔方法如图 1-1-4 所示。

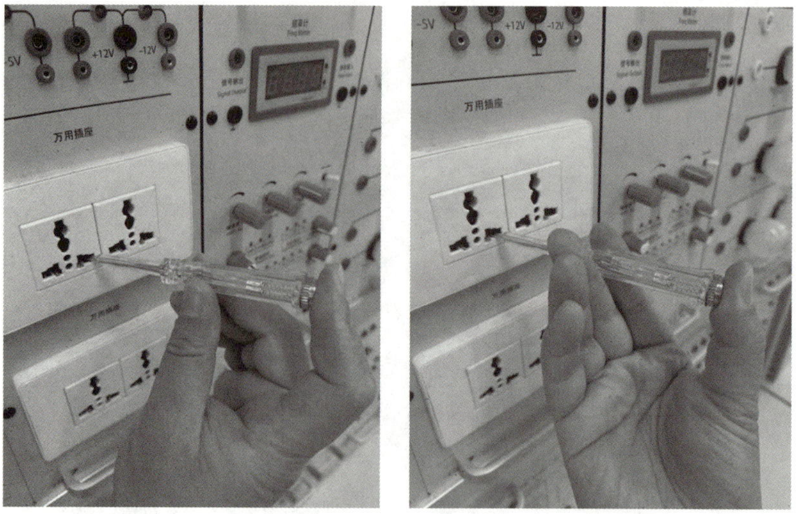

图 1-1-4　验电笔的握笔方法

（2）数显感应式验电笔的使用方法。

1）直接检测。

轻触直接测量键，将笔头接触带电体，显示器上将分段显示电压，最后显示的数字为电路电压等级。

2）间接检测。

轻触感应测量键，将笔头靠近电源线，如果电源线带电，显示器将显示高压符号。可隔着绝缘层分辨零线、相线或确定线路断点的位置。

数显感应式验电笔的握笔方法如图 1-1-5 所示。

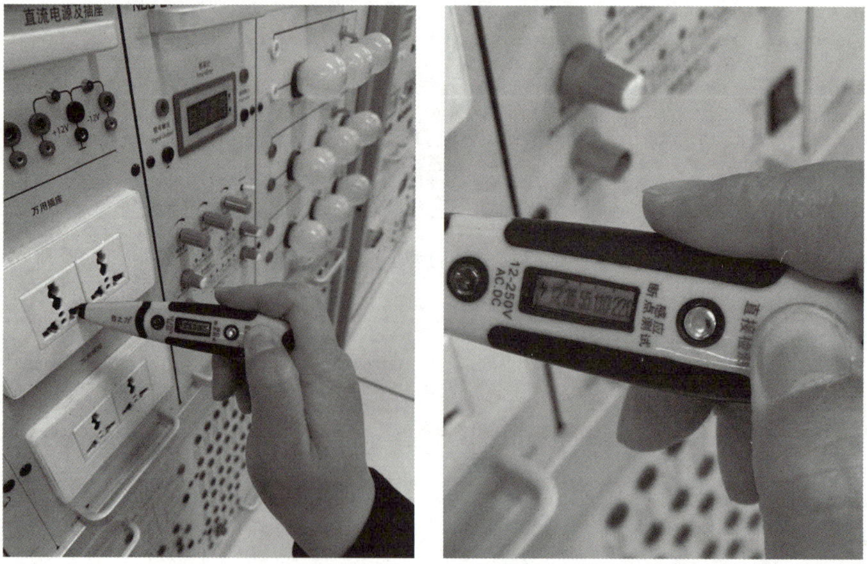

图 1-1-5　数显感应式验电笔的握笔方法

4. 验电笔的用途

（1）区别电压的高低。

测试时可根据氖管发光的强弱来估计电压的高低：氖管越暗，表明电压越低；氖管越亮，则表明电压越高。

（2）区别相线与零线。

在交流电路中，电笔触及相线时氖管会发光，电笔触及正常的零线时氖管是不发光的。

（3）区别直流电和交流电。

交流电通过验电笔时，氖管中间及两极同时发光；直流电通过验电笔时，氖管只有一个极发光。

（4）区别直流电正负极。

用验电笔判断正负极时，观察氖管要仔细，若氖管前端发光，说明测量的是直流电的负极；若氖管后端发光，说明测量的是直流电的正极。

（5）识别相线碰壳现象。

用验电笔触及电机、变压器等电气设备的金属外壳，若氖管发光，说明该设备存在相线碰壳现象。

（6）识别相线接地。

用验电笔触及三相三线制星形接法的交流电路时，若有两相比平时稍亮，而另一相较暗，则说明较暗的相线有不太严重的接地现象；如果两相很亮，而另一相不亮，则说明这一相严重接地。在三相四线制电路中，发生单相接地时，用验电笔测量中性线时也会发光。

5. 验电笔使用注意事项

（1）使用验电笔前，要检查验电笔内有无安全电阻，再检查验电笔是否损坏，是否受潮或进水，检查合格后才能使用。

（2）使用验电笔时，不能用手触及验电笔前端的金属探头，否则会造成人身触电事故。

（3）使用验电笔时，一定要用手触及验电笔尾端的金属部分，否则，带电体、验电笔、人体与大地没有形成回路，验电笔中的氖管不会发光，会造成误判。

（4）在测量电气设备是否带电之前，应在已知电源上检测验电笔是否能正常发光。

（5）在明亮的环境下测试带电体时，应仔细观察氖管是否发光，避免造成误判而引发触电事故。

二、钳子

1. 功能

钳子是一种用于夹持、固定加工工件或者扭转、弯曲、剪断金属线的手工工具。钳子的外形呈 V 形，通常包括手柄、钳腮和钳嘴 3 个部分。

2. 分类

钳子的种类很多，下面主要介绍维修电工实训中常用的钢丝钳、尖嘴钳、剥线钳、斜口钳，如图 1－1－6 所示。

（a）钢丝钳

（b）尖嘴钳

（c）剥线钳

（d）斜口钳

图 1－1－6　常用的钳子

3. 钳子的使用方法

（1）钢丝钳的使用。

钢丝钳俗称平口钳、老虎钳，常用规格有 150mm、175mm、200mm。钢丝钳主要用于给单股导线接头弯圈、剪切导线、拧螺母、剥塑料绝缘层、夹取小零件。钢丝钳的常见用途如图 1－1－7 所示。

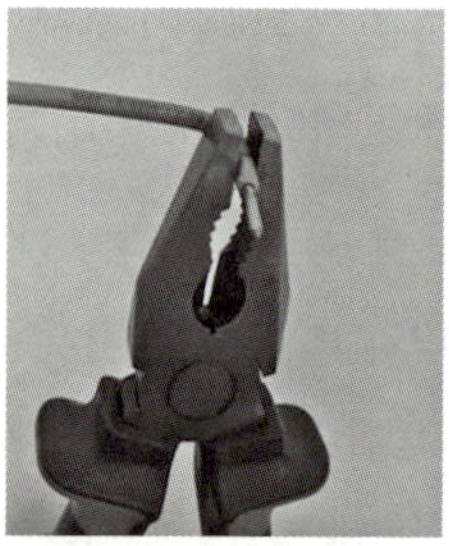

（a）弯绞导线

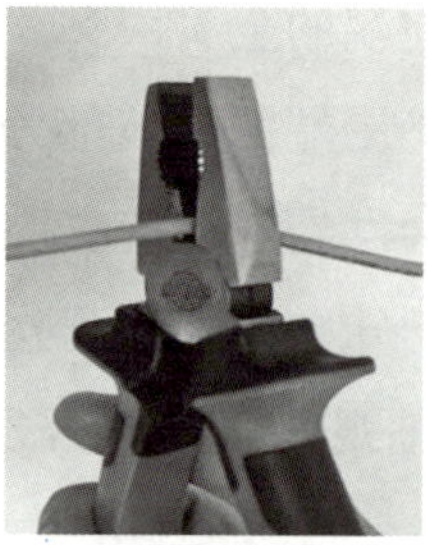

（b）剪切导线

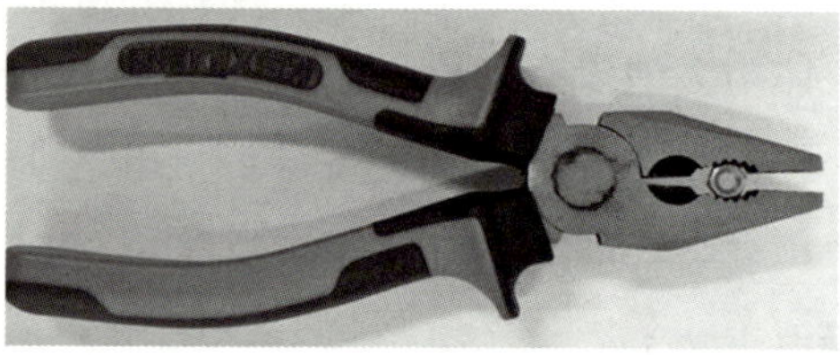

（c）拧螺母

图 1－1－7　钢丝钳的常见用途

（2）剥线钳的使用。

剥线钳用于剥除小直径导线（小于 6mm）的绝缘层。

剥线钳的使用方法如图 1－1－8 所示。根据缆线的粗细及型号选择相应的剥线刀口；将缆线放在剥线钳的刀刃中间，确定剥除长度；握住剥线钳手柄，将缆线夹住，缓缓用力将缆线外表皮慢慢剥落；松开剥线钳手柄，取出缆线。

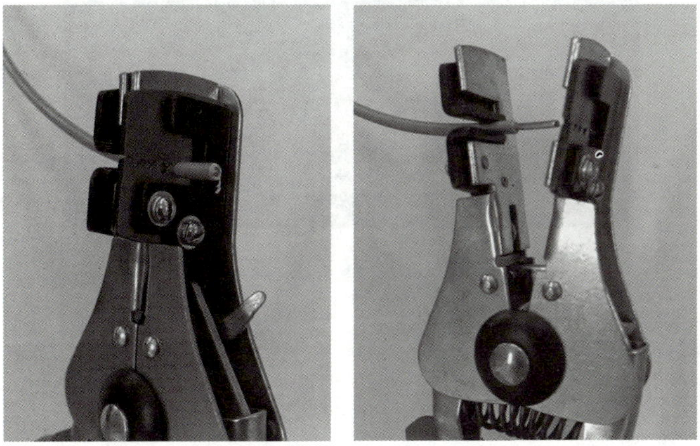

图 1－1－8　剥线钳的使用方法

（3）斜口钳的使用。

斜口钳又称偏口钳、断线钳，主要用于掐断管脚和较细的导线，使用方法如图 1－1－9 所示。

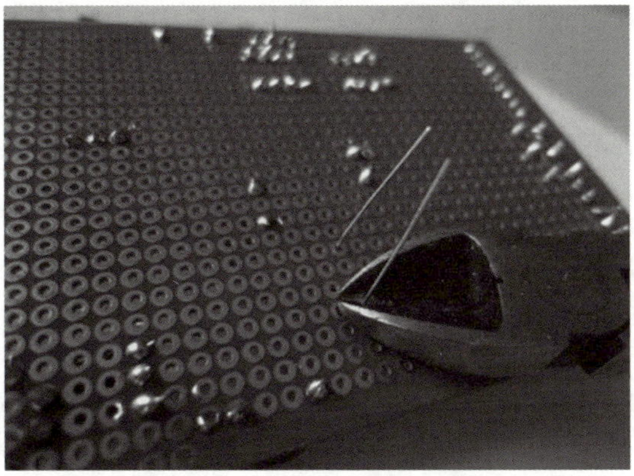

图 1－1－9　斜口钳的使用方法

三、电工刀

1. 功能

在电气操作过程中，电工刀主要用于切削导线绝缘层和削制木榫，其外形如图 1－1－10 所示。

图 1-1-10　电工刀

2. 电工刀使用注意事项

（1）使用时，应使刀口向外；用毕及时把刀身折入刀柄。

（2）在单面刀口上磨出圆弧状刀刃，剥削导线绝缘层时，将圆弧状刀刃贴在导线上。

（3）电工刀手柄不带绝缘装置，不能进行带电操作。

四、螺钉旋具

1. 功能

螺钉旋具俗称螺丝刀、改锥或起子，是一种用于紧固或拆卸螺钉的工具。

2. 分类

螺钉旋具按头部形状可分为一字型、十字型等型号。一字型螺钉旋具的常用规格按长度分为 50mm、100mm、150mm、200mm；十字型螺钉旋具的常用规格按直径分为 2～2.5mm、3～5mm、6～8mm、10～12mm。

3. 螺钉旋具使用注意事项

（1）电工不可使用金属杆直通柄顶的螺钉旋具，否则极易造成触电事故。

（2）使用螺钉旋具紧固或拆卸带电的螺钉时，手不得触及螺钉旋具的金属杆部分，以免发生触电事故。

（3）为避免螺钉旋具的金属杆触及皮肤，或触及临近带电体，应在金属杆表面套装绝缘套管。

五、扳手

1. 功能

扳手是用来紧固或放松螺母的专用工具，由头部和柄部组成，头部又由活络扳唇、呆扳唇、扳口、蜗杆和轴销等构成。

2. 分类

（1）呆扳手。

一端或两端制有固定尺寸的开口，用以拧转相应尺寸的螺母或螺栓，如图 1－1－11（a）所示。

（2）梅花扳手。

两端具有带六角孔或十二角孔的工作端，适用于工作空间狭小，不便使用普通扳手的场合，如图 1－1－11（b）所示。

（3）两用扳手。

一端与单头呆扳手相同，另一端与梅花扳手相同，两端拧转相同规格的螺栓或螺母，如图 1－1－11（c）所示。

（4）活扳手。

开口宽度可在一定尺寸范围内调节，能拧转不同规格的螺栓或螺母，如图 1－1－11（d）所示。

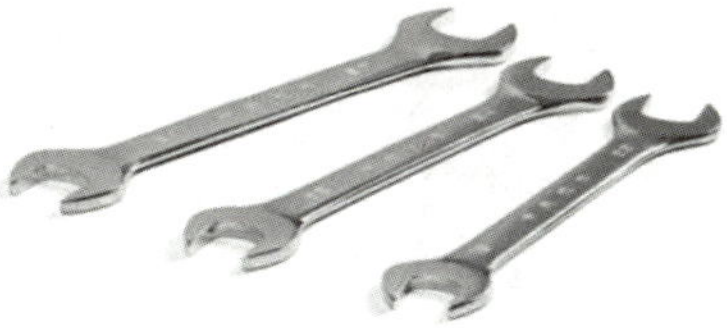
（a）呆扳手

（b）梅花扳手

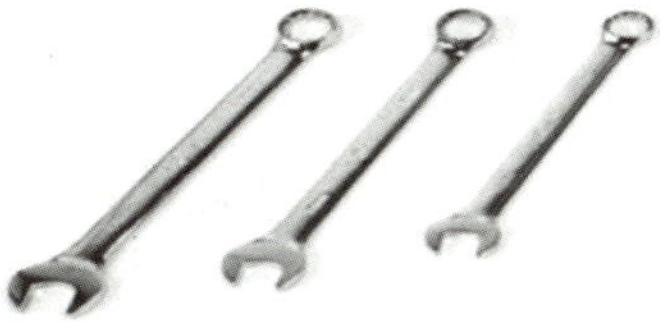
（c）两用扳手

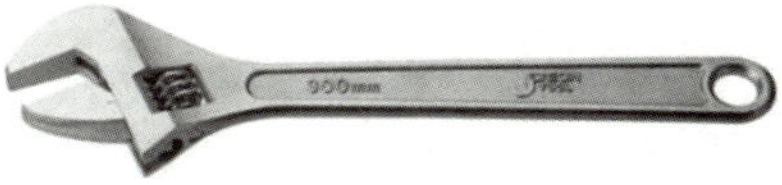
（d）活扳手

图 1－1－11　各种扳手

3. 扳手使用注意事项

（1）扳手只能在有限的空间里扳动螺栓或螺母，螺栓或螺母被扳动到极限位置后，应取下扳手重新拧转。

（2）扳动扳手时，顺时针旋转为紧固螺栓或螺母，逆时针旋转为松动螺栓或螺母。

（3）在最后拧紧时，用力不能过大，否则会导致螺纹滑丝。

（4）扳手与螺栓或螺母的接触面积应尽量大。

（5）应选取与所拧器件尺寸相同的扳手，如扳手尺寸选取过大，会损坏器件。

任务实施

一、任务导入

验电笔、钳子、电工刀和扳手是常用的电工工具，熟练掌握这些工具的使用方法是对一个合格电工的基本要求。本任务将练习常用电工工具的使用方法。

二、工作过程

1. 验电笔的使用

（1）使用方法：使用验电笔时，手指必须接触金属笔挂或验电笔顶部的金属螺钉，确保电流由被检验导线和电气设备带电体经过验电笔和人体，最终与大地构成回路；只要被测带电体与大地之间的电压超过60V，氖管就会发光。

（2）操作任务：用验电笔确定零线与相线。

2. 钳子的使用

（1）使用方法：使用前应检查手柄绝缘套是否完好，如有破损应及时更换；在切断导线时应避免带电操作，不得将零线与相线同时在一个钳口处切断；不可用钳子代替锤子作为敲打工具。

（2）操作任务：用钢丝钳进行弯绞导线、剪切导线、铡切钢丝的练习；用尖嘴钳将单根导线弯成呈一定圆弧的接线端子；用剥线钳剥削导线绝缘层。

3. 电工刀的使用

（1）使用方法：剖削时应确保刀口向外，用毕及时将刀身折入刀柄；电工刀刀柄不带绝缘装置，不能进行带电操作。

（2）操作任务：用电工刀剖削单芯硬线绝缘层。

4. 扳手的使用

（1）使用方法：旋动蜗杆，使扳口卡在螺母上，然后扳动手柄即可将螺母紧固或旋松；拧大螺母时，需要的力矩大，手应握在手柄尾端；拧小螺母时，需要的力矩小，且容易打滑，应握在靠近扳手头部的部位，拇指可随时调节蜗杆，收紧扳口以防止打滑。

（2）操作任务：用活扳手拧紧螺母。

三、小组讨论

（1）使用验电笔检测带电体是否带电时，只要有电，验电笔氖管就会发光，对吗？

(2) 可以用斜口钳剥削导线绝缘层吗?

(3) 电工刀为什么不能进行带电操作?

四、考核评价

首先由学生根据操作任务的完成情况进行自评，然后同一小组内的同学进行互评，最后由授课教师进行综合评价。考核评价表见表 1-1-1。

表 1-1-1　考核评价表

任务内容	评分标准	配分	自评	互评	综合评价
常用电工工具的认知	能准确说出工具的名称、型号、功能等信息	20			
常用电工工具的使用	能正确使用工具完成相应的任务	50			
职业素养与规范	着装规范(5分) 准备工作充分(5分) 遵守安全操作规程(10分) 整理操作台(5分) 不迟到早退(5分)	30			
总分					
自评人:	小组成员:		日期:		
教师评价意见:					

任务二　常用电子仪器仪表的使用

在电子电路实验中，常用的电子仪器仪表有直流稳压电源、万用表、函数信号发生器、示波器和绝缘电阻表等。掌握这些仪器仪表的使用方法，对日后的学习和工作十分重要。

知识链接

一、直流稳压电源

1. 功能

直流稳压电源是用来提供可调直流电压的电源设备，在电网电压或负载变化时，能保持其输出电压基本稳定不变。直流稳压电源的内阻非常小，在其工作范围内，直流稳压电源的伏安特性十分接近理想电压源。

2. 分类

直流稳压电源的输出为电压和电流两种：输出为电压的称为电压源；输出为电流的称为电流源。理想电压源（恒压源）和理想电流源（恒流源）的图形符号如图 1－2－1 所示，实际电压源和实际电流源的图形符号如图 1－2－2 所示。

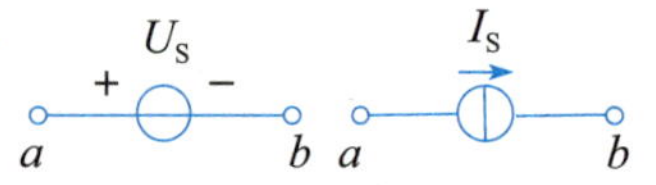

图 1－2－1　理想电压源、理想电流源

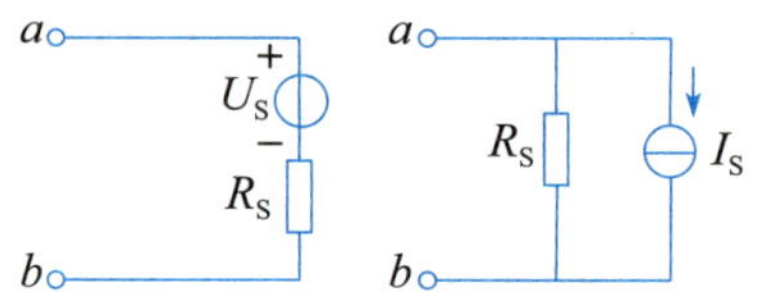

图 1－2－2　实际电压源、实际电流源

理想电压源和理想电流源之间不能相互转换。实际电压源和实际电流源之间可以相互转换，如图 1－2－3 所示。

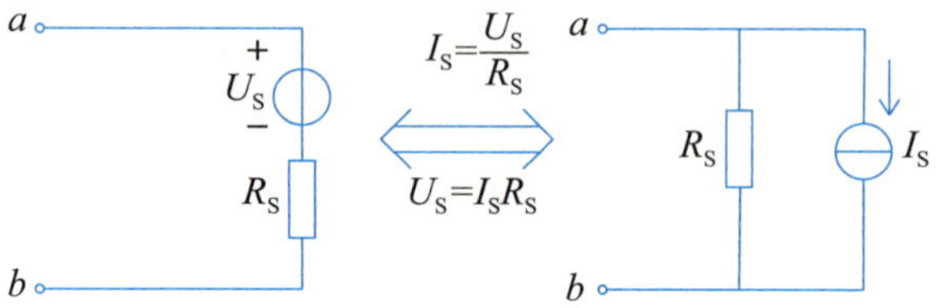

图 1－2－3　实际电压源与实际电流源等效

3. 面板功能及注意事项

（1）直流稳压电源的面板。

直流稳压电源的型号有很多，虽然它们的面板布置不同，但使用方法基本相同。下面以 UTP3705 型直流稳压电源为例进行介绍。UTP3705 型直流稳压电源为双输出直流稳压电源，通过转换开关可以在电压源与电流源之间切换，电压取值范围为 0～32V，在取值范围内可以通过调节电位器选取任意电压值。电流取值范围为 0～5A，电流源的输出电流为固定值。UTP3705 型直流稳压电源如图 1-2-4 所示。

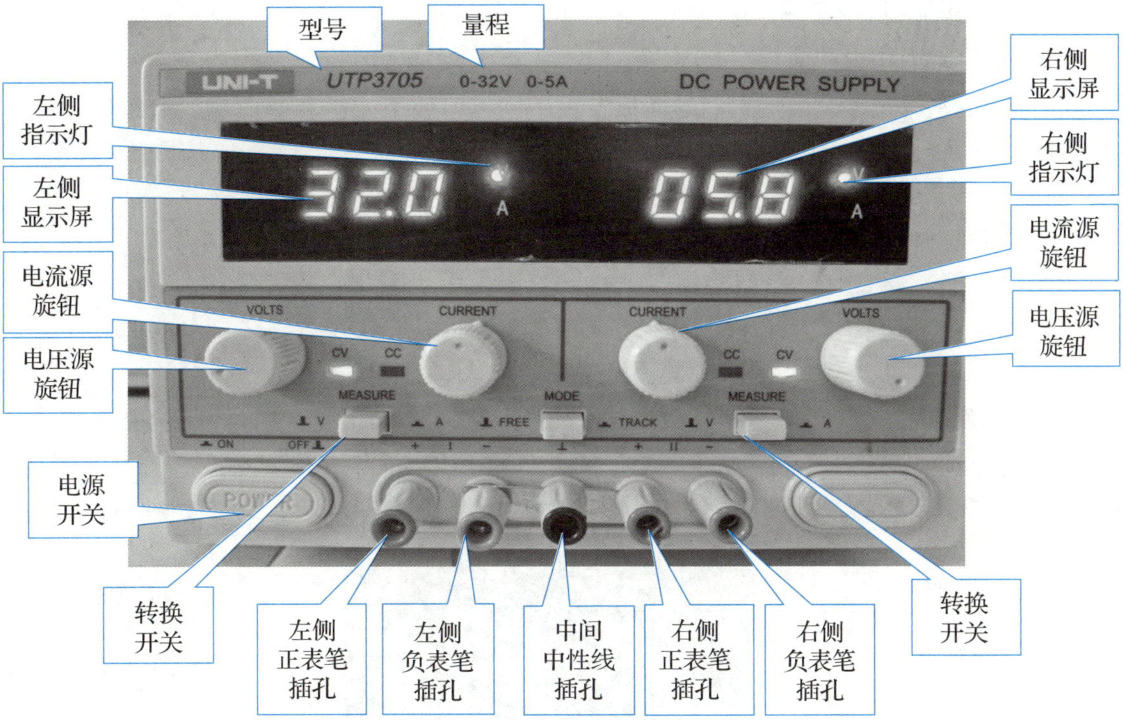

图 1-2-4　UTP3705 型直流稳压电源

（2）注意事项。

直流稳压电源可作为电压源和电流源使用，作为电压源使用时严禁短路，作为电流源使用时严禁开路。

4. 使用方法

（1）接通电源。

（2）按下开关键，此时屏幕上显示当前工作电压和输出电流。

（3）调节电压，通过电压源旋钮对输出电压进行调节，得到需要的电压值。

1-2　直流稳压电源的使用方法

二、万用表

1. 功能

万用表是一种多功能、多量程的测量仪表，基本功能包括：测量电阻，测量直流、交流电压，测量直流、交流电流，测量二极管和三极管。

2. 分类

根据显示方式的不同，可以将万用表分为两大类：指针式万用表和数字式万用表。

3. 面板功能及注意事项

（1）数字式万用表的面板。

万用表的型号很多，虽然它们的面板布置不同，但使用方法和基本功能大致相同。下面以 UT39A 型数字式万用表为例进行介绍，如图 1－2－5 所示。

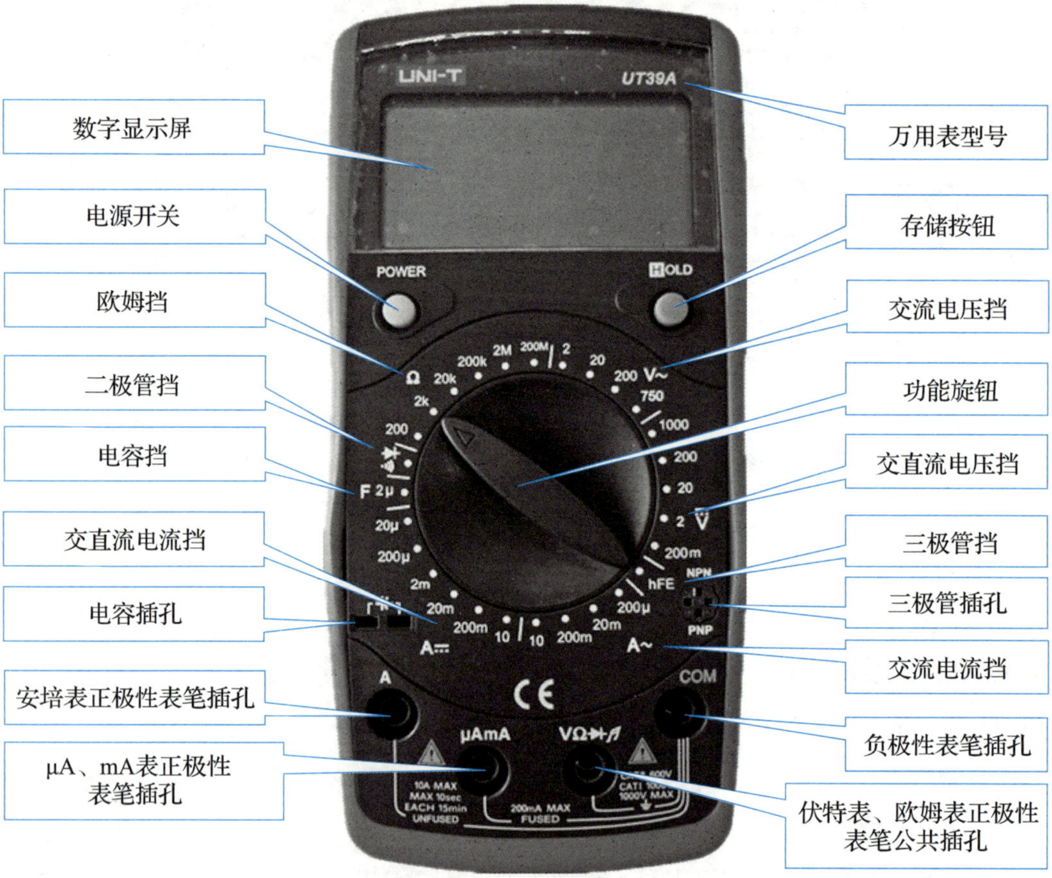

图 1－2－5　UT39A 型数字式万用表

UT39A 型数字式万用表的面板上主要有 8 个挡位：电阻挡、交流电压挡、直流电压挡、交流电流挡、直流电流挡、二极管挡、三极管挡、电容挡，可以对电阻、电压、电流、二极管、三极管、电容等进行测量。主要挡位介绍如下：

1）Ω 为电阻挡，分 200Ω、2k、20k、200k、2M、200M 六挡。

2）V～为交流电压挡，分 2V、20V、200V、750V 四挡。

3）V ⎓为交直流电压挡，分 200mV、2V、20V、200V、1 000V 五挡。

4）A ⎓为交直流电流挡，分 20μA、200μA、2mA、20mA、200mA、10A 六挡。

5）A～为交流电流挡，分 200μA、20mA、200mA、10A 四挡。

6）hFE 为三极管挡，有 NPN 和 PNP 两种型号的插孔。

7）—▷|—为二极管挡，也可以进行短路测量。

8）F 为电容挡。

9）HOLD 键用于锁定当前测量值，当需要保留实时测量值、测量位置不便直接读数、测量连续变动量（如电机起动时的电流）的当前值时，按下 HOLD 键，供判读记录。

（2）注意事项。

1）测量前，先检查红、黑表笔连接的位置是否正确。黑色表笔接在 COM 端，红色表笔根据不同的测量对象接在对应的插孔之中。

2）将表笔连接至被测电路之前，一定要查看所选量程与测量对象是否相符，因为误用挡位和量程不仅得不到准确的测量结果，还有可能损坏万用表。读数时，若显示的是数字“1.”，则表明测量量大于所选用的量程，需加大量程重新测量。

3）测量时，手指不要触及表笔的金属部分和被测元器件。

4）测量时，若需转换量程，必须在表笔离开电路后进行，否则转动选择开关产生的电弧易烧坏选择开关的触点，有可能因接触不良引发事故。

5）实际工作时，经常需要测量多种电量，每次测量前要注意根据测量任务将选择开关转换到相应的挡位和量程。

6）测量完毕，应将功能开关置于交流电压最大量程挡。

4. 使用方法

（1）电阻的测量。

首先将红表笔插入 VΩ 孔、黑表笔插入 COM 孔，量程旋钮打到 Ω 挡适当位置，再分别将红、黑表笔接到电阻两端金属部分，读出显示屏上显示的数据，如果显示“1.”，则应换用较大的量程；如果显示的数接近“0”，则应换用较小的量程。

（2）直流电压的测量。

首先将红表笔插入 VΩ 孔、黑表笔插入 COM 孔，量程旋钮打到 V～挡适当位置，读出显示屏上显示的数据，如果显示“1.”，则表明量程太小，需要加大量程后再测量；如果数值左边出现“—”，则表明表笔极性

1-3　万用表的使用方法

与实际电源极性相反，即此时红表笔接的是负极。

（3）交流电压的测量。

首先将红表笔插入 VΩ 孔、黑表笔插入 COM 孔，量程旋钮打到 V～挡适当位置，读出显示屏上显示的数据，交流电压无正负之分，测量方法与直流电压的测量方法相同。无论测交流电压还是直流电压，都要注意安全，不要随便用手触摸表笔的金属部分。

（4）蜂鸣挡的使用。

首先将红表笔插入 VΩ 孔、黑表笔插入 COM 孔，量程旋钮打到蜂鸣挡，两支表笔的前端分别接在被测电路两端（如果是直流电路，红表笔接正极，黑表笔接负极），如果电路通路则发出响声，如果电路断路则不发出响声。

1－4　函数信号发生器和示波器的使用方法

三、函数信号发生器

1. 功能

函数信号发生器是一种能提供各种频率、波形和输出电平电信号的设备，常用作测试的信号源或激励源，能够产生三角波、锯齿波、矩形波、方波、正弦波等波形。

2. 面板功能及注意事项

（1）函数信号发生器面板的功能。

下面以 UTG9005A 型函数信号发生器为例进行介绍，如图 1－2－6 所示。

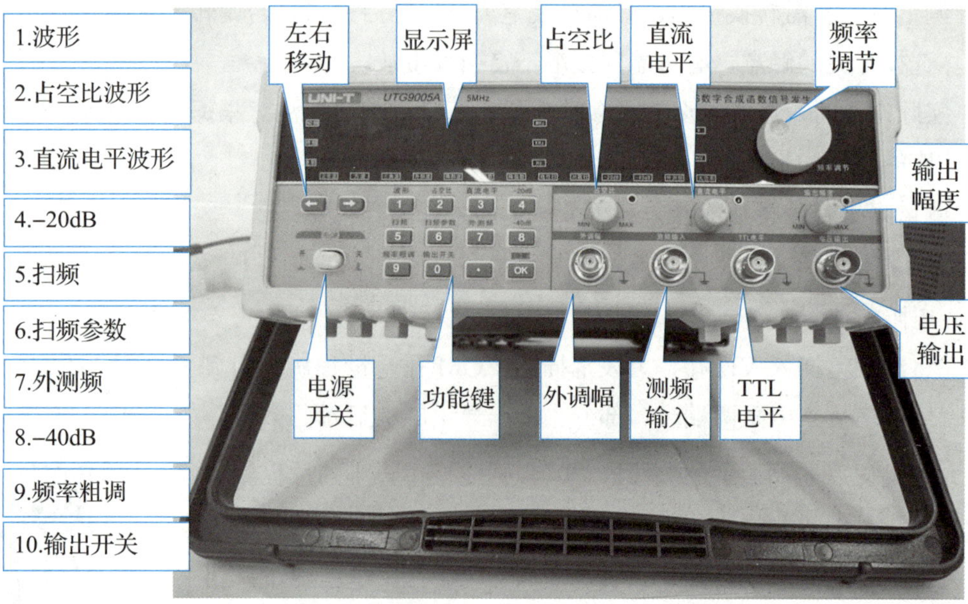

图 1－2－6　UTG9005A 型函数信号发生器

（2）注意事项。

在调节输出信号的频率时，要注意单位是 Hz 还是 kHz。

3. 使用方法

（1）打开电源。

（2）按下“1”键，选择波形。

（3）通过频率调节旋钮进行调频。

（4）通过输出幅度调节旋钮进行调幅。

四、示波器

1. 功能

示波器是一种用途十分广泛的电子测量仪器，它能把肉眼看不见的电信号变换成看得见的图像，便于人们研究各种电现象的变化过程。利用示波器能观察各种不同信号幅度随时间变化的波形曲线，还可以测试电压、电流、频率、相位差、调幅度等。

2. 分类

示波器的种类繁多，主要分为模拟示波器和数字存储示波器两类。

3. 面板功能及注意事项

（1）数字存储示波器面板的功能。

下面以 UTD2102CEL 型数字存储示波器为例进行介绍，如图 1－2－7 所示。

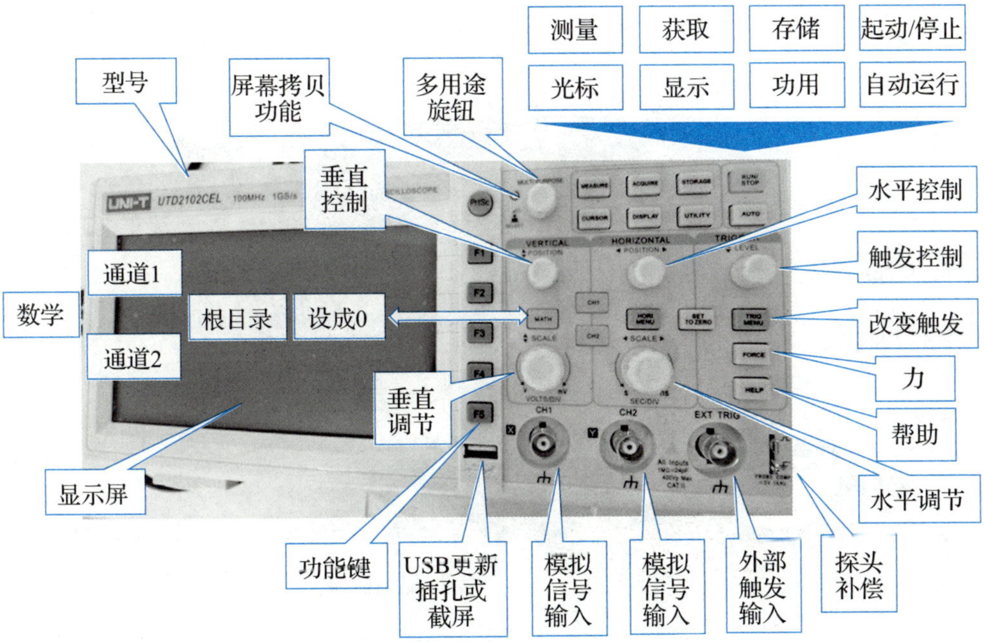

图 1－2－7　UTD2102CEL 型数字存储示波器

（2）注意事项。

使用示波器之前需要进行校准，还需要在通道操作菜单中调整相应的探头衰减比例系数，与探头衰减系数相匹配，如果探头衰减系数为 10∶1，那么探头衰减比例系数应设置为“10x”，以避免显示的挡位信息和测量的数据发生错误。

4. 使用方法

（1）接通电源，对示波器进行使用前的检查、调整和校准，保证测量准确。

（2）将探头接入输入信号，按下自动运行按钮。

（3）调整垂直控制旋钮及水平控制旋钮等，直到可以在显示屏中观察到理想的波形。

（4）测试结束，撤去输入信号，关闭电源。

五、绝缘电阻表

1. 功能

绝缘电阻表又称“摇表”“兆欧表”，是用于测量各种电器设备的绝缘电阻的兆欧级电阻表。

2. 功能介绍及注意事项

（1）绝缘电阻表各部分功能。

下面以 ZC25－4 型绝缘电阻表为例进行介绍，绝缘电阻表有 3 个接线端钮，其中 L 表示“线”，E 表示“地”，G 表示“保护环”（即屏蔽接线端钮）。ZC25－4 型绝缘电阻表如图 1－2－8 所示。

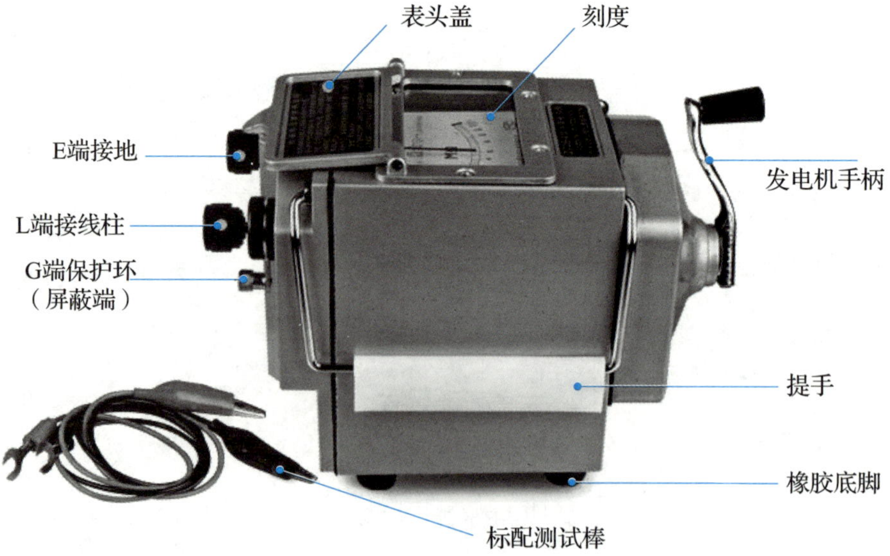

图 1－2－8　ZC25－4 型绝缘电阻表

（2）注意事项。

对电压 500V 以下的电动机用 500V 绝缘电阻表测量。如选用 1 000V、2 500V 绝缘电阻表测量，会使测量值不符合要求，并可能导致设备绝缘被击穿。此外，绝缘电阻表在使用前必须进行校试。

3. 使用方法

下面以用绝缘电阻表测量电动机绝缘电阻为例说明绝缘电阻表的使用方法。

（1）拆除电动机的外部接线。

（2）校试绝缘电阻表。把绝缘电阻表放平，先不接线，摇动绝缘电阻表。表针应指向“∞”处，否则说明绝缘电阻表有故障。再将绝缘电阻表上标有“L”（线路）和“E”（接地）的两接线柱用带线的试夹短接，慢慢摇动手柄（注意：千万不能快速摇动，否则会损坏摇表），表针应指向“0”处。校试好绝缘电阻表的 0 位和∞位后，即可进行测量。

1－5 绝缘电阻表的使用方法

（3）测量电动机三相绕组之间的电阻。测量绝缘电阻时，手柄的摇动速度应由慢渐快。若发现指针指零，说明被测绝缘物有短路现象，这时不能继续摇动，以防绝缘电阻表内的动圈因发热而损坏。摇动手柄时，切忌忽快忽慢，以免指针摆动太大而引起误差，一般为 120r/min。

（4）用同样的方法，依次测量每相绕相与机壳的绝缘电阻值。注意：标有“E”（接地）的接线柱应接到机壳上无绝缘的地方。

（5）数据测量及数据记录。

任务实施

一、任务导入

对电子电路进行设计和检测时，会经常用到直流稳压电源、万用表、函数信号发生器、示波器和绝缘电阻表等电子仪器仪表，熟练掌握这些仪器仪表的使用方法是对电子技术人员的基本要求。本任务将练习常用电子仪器仪表的使用方法。

二、工作过程

1. 直流稳压电源的使用

（1）使用方法：连接电源，打开开关，使用电压调节旋钮调节输出电压。

（2）操作任务：使用电压调节旋钮将输出电压分别调节成 5V、12V 和 24V。

2. 数字万用表的使用

（1）使用方法：首先打开数字万用表的电源开关，然后把红表笔插入 VΩ 孔，黑表笔插入 COM 孔，根据不同的测量对象选取相应的挡位和量程进行测量。

（2）操作任务：用数字万用表测量直流电压、交流电压并判断通电导线的通断。

3. 函数信号发生器的使用

（1）使用方法：打开电源开关，练习不同波形、频率、输出幅度的设定方法，调节频率旋钮，选择不同的频率值。

（2）操作任务：使用函数信号发生器产生频率 1kHz、有效值 5V 的正弦波。

4. 示波器的使用

（1）使用方法：打开电源，进行校准，将探头接在 CH1 或 CH2 上，将表笔与函数信号发生器的输出表笔按照正负极连接，按下自动运行按钮，调整垂直控制旋钮和水平控制旋钮等，直到可以在显示屏中观察到理想的波形。

（2）操作任务：用示波器观测函数信号发生器产生的正弦波形、三角波形和方波。

5. 绝缘电阻表的使用

（1）使用方法：首先校试绝缘电阻表，然后把两个测试夹分别接到任意两相绕组的端头上，平放摇表，先慢慢摇动手柄，确定没有短路后，再以 120r/min 匀速摇动手柄约 1min，读取表针稳定的指示值。注意：摇动手柄时，双手或身体其他部位千万不能触碰到电动机的任何端头和摇表的接线端头。用同样的方法，依次测量每相绕组与机壳的绝缘电阻值。注意：标有“E”（接地）的接线柱应接到机壳上无绝缘的地方。

（2）操作任务：用绝缘电阻表测量电动机绝缘电阻，并把测量数据记录在表 1-2-1 中。

表 1-2-1　电动机绝缘电阻数据记录

绝缘电阻表型号		测量人		时间	
电动机编号		电动机型号			
L1—L2 阻值	L2—L3 阻值	L3—L1 阻值	L1 对地阻值	L2 对地阻值	L3 对地阻值
备注					

可在“备注”栏对有问题的电动机提出整改要求。每测量一台电动机，都要填写该表，以备事故检查，或验收时作为验收文件的一部分移交甲方。

三、小组讨论

（1）使用数字万用表测量直流电压和交流电压的方法是否相同？

（2）可以使用万用表测量电动机的绝缘电阻吗？

四、考核评价

首先由学生根据操作任务的完成情况进行自评，然后同一小组内的同学进行互评，最后由授课教师进行综合评价。考核评价表见表 1－2－2。

表 1－2－2　考核评价表

任务内容	评分标准	配分	自评	互评	综合评价
常用电子仪器仪表的认知	能准确说出电子仪器仪表的名称、型号等信息	20			
常用电子仪器仪表的使用	能正确使用电子仪器仪表完成相应的测量工作任务	50			
职业素养与规范	着装规范（5 分） 准备工作充分（5 分） 遵守安全操作规程（10 分） 整理操作台（5 分） 不迟到早退（5 分）	30			
总分					
自评人：	小组成员：		日期：		
教师评价意见：					

项目小结

（1）验电笔、钳子、电工刀和扳手的使用方法和注意事项。

（2）直流电源可作为电压源和电流源使用，作为电压源使用时严禁短路，作为电流源使用时严禁开路。

（3）数字万用表能够测量电阻、交/直流电压、交/直流电流，以及二极管、三极管和电容等电路元件，使用万用表测量物理量时一定注意挡位的选取和表笔插孔的切换。

（4）函数信号发生器常用作测试的信号源或激励源，能够产生三角波、锯齿波、矩形波、方波、正弦波等波形。

（5）利用示波器能观察各种不同信号幅度随时间变化的波形曲线，还可以测试电压、电流、频率、相位差、调幅度等。

（6）绝缘电阻表用于测量电动机绕组间以及绕组与外壳间的绝缘电阻（每千伏大于 1MΩ），还可以检测线缆断路情况。

练习题

一、单选题

1. 高压验电笔用于（　　）及以上项目作业。

A. 1kV　　B. 2kV　　C. 5kV　　D. 10kV

2. 低压验电笔用于（　　）及以下项目作业。

A. 500V　　B. 800V　　C. 1kV　　D. 10kV

3. 弱电验电笔用于电子产品的测试，一般测试电压为（　　）V。

A. 1～3　　B. 3～6　　C. 6～24　　D. 24～36

4. 根据外形分类，验电笔有钢笔式和（　　）式两种。

A. 铅笔　　B. 螺丝刀　　C. 螺旋　　D. 笔筒

5. 常用的电工工具可分为个人携带工具和常用工具，其中个人携带工具有（　　）。

A. 验电笔、钳子、电工刀、旋具、活扳手等

B. 验电笔、钢丝钳、人字梯、手电钻、旋具、活扳手等

C. 高压验电笔、砂轮、手电钻、锉刀、钢丝钳、电烙铁等

D. 高压验电笔、钢丝钳、手电钻、旋具、活扳手、斜口钳等

6. 钳子通常包括手柄、钳腮和（　　）3个部分。

A. 钳头　　B. 钳嘴　　C. 钳丝　　D. 切口

7. 目前，通用钳类已经发展到（　　）种。

A. 20　　B. 30　　C. 50　　D. 100

8. 扳手基本分为两种：呆扳手和（　　）扳手。

A. 死扳手　　B. 活扳手　　C. 梅花扳手　　D. 钩形扳手

9. 呆扳手的一端或两端制有（　　）尺寸的开口。

A. 固定　　B. 活动　　C. 可调节　　D. 可松紧

10. 使用手持电动工具时，必须使用（　　）。

A. 万能插座　　B. 带漏电保护器的插座

C. 带开关的插座　　D. 不带开关的插座

11. 移动式电动工具所用的电源线，应该选用的类型是（　　）。

A. 绝缘软线　　B. 裸铜软纺织线

C. 绝缘电线　　D. 地埋线

12. 下列选项中，不属于万用表的功能的是（　　）。

A. 电阻的测量　　B. 电压的测量

C. 电流的测量　　　　　　　　　　D. 功率的测量

13. 万用表可以分为指针式和（　　）。

A. 电子式　　　　B. 数字式　　　　C. 两用式　　　　D. 电磁式

14. 绝缘电阻的阻值可以达到（　　）。

A. 几十欧姆　　　　　　　　　　B. 几百欧姆

C. 几十千欧　　　　　　　　　　D. 几十兆欧

15. 瓷瓶的绝缘电阻一般在 10 000MΩ 以上，需用至少（　　）以上的绝缘电阻表才能测量。

A. 500V　　　　B. 1 000V　　　　C. 1 500V　　　　D. 2 500V

二、判断题

1. 常用的钳子有钢丝钳、尖嘴钳、剥线钳和斜口钳等。（　　）

2. 尖嘴钳主要用于剪切线径较细的单股与多股线，也可用于单股导线接头弯圈、剥塑料绝缘层等，是电工（尤其是内线电工）常用工具之一。（　　）

3. 钢丝钳、电工刀、旋具属于电工基本工具。（　　）

4. 梅花扳手是指两端具有带六角孔或十二角孔的工作端，适用于工作空间狭小，不便使用普通扳手的场合。（　　）

5. 钩形扳手又称月牙形扳手，用于拧转厚度受限制的扁螺母等。（　　）

6. 根据外形分类，验电笔可分为钢笔式和螺丝刀式两种。（　　）

7. 使用验电笔时，用拇指和中指夹持笔身，食指接触笔尾金属体或笔挂。（　　）

8. 人手可以接触验电笔的笔尾金属体或笔挂，也可以接触验电笔的笔尖金属体。（　　）

9. 剥线钳为电工常用的工具之一。（　　）

10. 偏口钳又称斜口钳。（　　）

11. 万用表又称多用表、三用表、复用表，是一种多功能、多量程的测量仪表。（　　）

12. 万用表可以对二极管和三极管进行测量。（　　）

13. 万用表的红表笔应该插入 COM 孔。（　　）

14. 选用绝缘电阻表时，其额定电压一定要与被测电气设备或线路的工作电压相适应。（　　）

15. 使用绝缘电阻表测量设备的绝缘电阻时，必须在设备不带电的情况下进行。（　　）

16. 绝缘电阻表的接线柱有 3 个，分别标有：L（线）、E（地）和 G（屏）。（　　）

项目二

直流电路的分析与调试

知识目标

1. 理解电阻及其串、并联电路，以及分压、分流公式。
2. 理解欧姆定律和基尔霍夫定律。
3. 掌握使用支路电流法求解复杂电路的方法。
4. 掌握应用叠加定理分析计算线性复杂电路的方法。

技能目标

1. 会识别电阻、判别电阻、测量电阻。
2. 会连接欧姆定律电路，并测量电压、电位和电流。
3. 会连接基尔霍夫定律电路，并测量电压、电位和电流。

素养提升

在技能实践中注意遵守职业道德和规范，培养社会责任感；理解科技进步对社会可持续发展的重要性；培养精益求精的大国工匠精神。

任务一　直流电路的认识

我们的生活离不开电，大到工业设备、小到家用电器都需要电力来驱动。能够稳定提供电能的装置称为电源，电源可分为直流电源和交流电源。手电筒或小型电器所用的干电池、手机中用到的锂电池等属于直流电源。在发电厂、水电站、超高压变电站、无人值守变电站等场所，直流电源系统均得到了广泛的应用。

知识链接

一、电路

1. 电路的组成

电路是电流的通路，是由一些电气设备和电子元器件组成的供电流流通的闭合路径。电路一般由电源、负载和中间环节三部分组成。如图 2－1－1 所示为一个简单的照明电路。

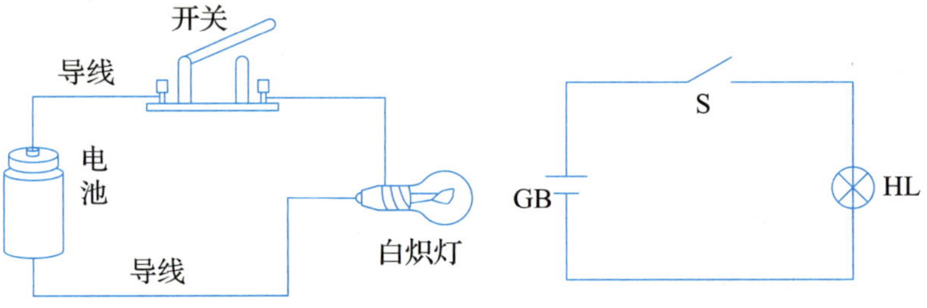

（a）示意图　　（b）电路图

图 2－1－1　简单的照明电路

（1）电源：将其他形式的能转换成电能的装置。

（2）负载：将电能转换成其他形式的能的装置。

（3）中间环节：包括导线和开关，导线用于连接电源和负载，开关用于控制电路的接通和断开。

电路的 3 种状态分别是通路（闭路）、开路（断路）和短路。

2. 电路的基本物理量

（1）电流。

1）电流的概念：电荷的定向移动形成电流。

2）电流的大小：取决于单位时间内通过导体横截面的电量，记为

$$I=\frac{Q}{t} \tag{2-1}$$

I 是电流；Q 是电荷量，单位是库仑，用 C 表示；t 是时间，单位是秒，用 s 表示。电流的单位有安培（A）、千安（kA）、毫安（mA）和微安（μA），它们之间的换算关系是 $1kA=10^3A=10^6mA=10^9\mu A$。

3）电流的方向：正电荷定向移动的方向规定为电流的方向。在金属导体中，电流的方向与自由电子实际定向移动的方向相反。在进行电路分析计算时，电流的实际方向有时难以确定，为此可以预先选定一个电流方向，称为参考方向（也称正方向），并在电路中用箭头标出。当电流的实际方向与参考方向一致时，则电流 I 为正值；方向相反时电流 I 为负值。如图 2－1－2 所示，实线箭头是选定的参考方向，虚线箭头是电流的实际方向。

4）电流的种类：凡大小和方向都不随时间变化的电流称为直流电流，用 I 表示。凡大小和方向都随时间变化的电流称为交流电流，用 i 表示。

（2）电压。

1）电压的概念：电压是衡量电场力做功大小的物理量。在电路中，电场力将单位正电荷从 a 点移到 b 所做的功，定义为 a、b 两点间的电压。

2）电压的大小：电压的计算公式为

$$U=\frac{W}{Q} \tag{2-2}$$

电压用 U 表示，单位有伏特（V）、千伏（kV）、毫伏（mV）和微伏（μV），它们之间的换算关系是 $1kV=10^3V=10^6mV=10^9\mu V$。

3）电压的方向：电压的参考方向可用箭头表示，由起点指向终点；也可用双下标表示，前一个下标代表起点，后一个下标代表终点；还可以在起点标正号（＋）、终点标负号（－）。在复杂直流电路中，往往很难判断电压的实际方向，为此，在分析和计算复杂电路时，可任意选定一个方向作为电压的参考方向，该方向不一定就是电压的实际方向，当实际方向与参考方向相同时，电压 U 是正值；当实际方向与参考方向相反时，电压 U 是负值。如图 2－1－3 所示，实线箭头是选定的参考方向，虚线箭头是电压的实际方向。

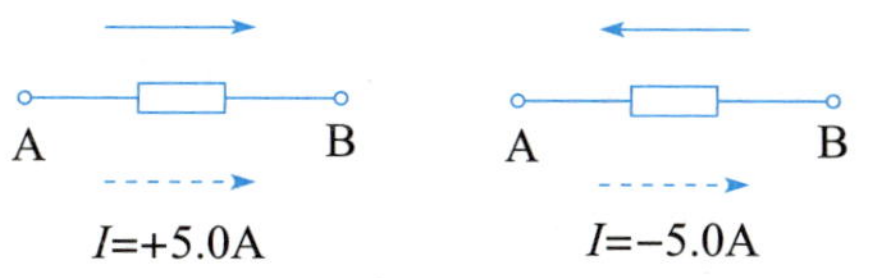

图 2－1－2　电流的方向

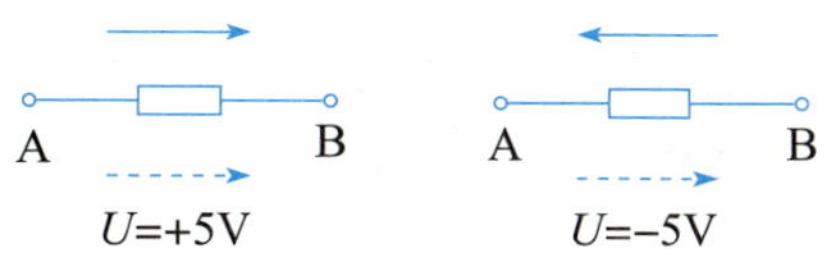

图 2－1－3　电压的方向

电压的参考方向与实际方向是两个不同的概念，不能混淆。

4）电压的种类：凡大小和方向都不随时间变化的电压称为直流电压，用 U 表示。凡大小和方向都随时间变化的电压称为交流电压，用 u 表示。

5）关联方向：如图 2－1－4 所示，电压与电流的参考方向一致，称为关联参考方向。如图 2－1－5 所示，电压与电流的参考方向不一致，称为非关联参考方向。

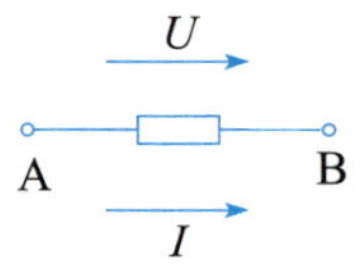

图 2－1－4　关联参考方向

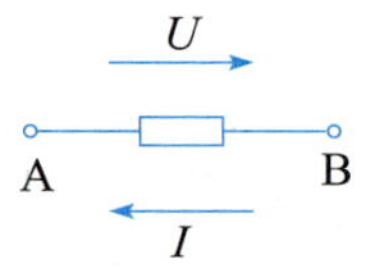

图 2－1－5　非关联参考方向

由此可知，电流流经电阻（耗能元件）时，一定是从高电位到低电位。流经电源（供能元件）时，一定是从低电位到高电位。

（3）电位。

1）电位的概念：如果在电路中选定一个参考点，则电路中某一点与参考点之间的电压即为该点的电位。单位是伏特（V）。

2）电位的计算：计算电位时，必须先任意选定电路中的某一点作为参考点，并规定该点的电位为零（参考点就是零电位点）。

3）电压与电位的关系：电路中任意两点间的电位之差就等于这两点之间的电压，故电压又称电位差，即 $U_{ab}=V_a-V_b$。

（4）电动势。

1）电动势的概念：在电源内部，电源力将单位正电荷从电源负极 b 移动到正极 a 所做的功称为电源的电动势。

2）电动势的大小：电动势的计算公式为

$$E=\frac{W}{Q} \tag{2-3}$$

电动势用 E 表示，单位是伏特（V），电动势的方向在电源内部由负极指向正极。

（5）电能和电功率。

1）电能：在 $\mathrm{d}t$ 时间内电场力所做的功即为该元件吸收的能量，$\mathrm{d}W=ui\,\mathrm{d}t$，电能的单位为焦耳（J）。

$$W=Pt=UIt \tag{2-4}$$

生活中常用千瓦时（kW · h）作为电能的计量单位，俗称“度”，它们之间的换算关系是 1 度＝1kW · h＝3.6×10^6J。

2）电功率：电能对时间的变化率即为电功率 $P=\frac{\mathrm{d}W}{\mathrm{d}t}=ui$，电功率的单位为瓦（W），常用单位还有千瓦（kW），1kW＝1 000W。在直流电路中，电压与电流为关联参考方向时为吸收功率，一般是负载：

$$P=UI=I^2R=\frac{U^2}{R} \tag{2-5}$$

电压与电流为非关联参考方向时为发出功率，一般是电源：

$$P=-UI=-I^2R=-\frac{U^2}{R} \tag{2-6}$$

3）最大功率传输定理：在电路中，负载获得最大功率的条件是当外电路电阻等于电源内阻时，即 $R_{外}=r_{内}$负载获得的功率为最大值，即外接电阻获得最大功率为：

$$P_{MAX}=\frac{U^2}{4r_{内}} \tag{2-7}$$

二、电阻元件

1. 电阻的概念

物体对电流的阻碍作用称为该物体的电阻，用符号 R 表示。电阻的单位为欧姆（Ω）、千欧（kΩ）和兆欧（MΩ），它们之间的换算关系是 $1M\Omega=10^3k\Omega=10^6\Omega$。

2-1　电阻元件

电阻有物理量和元器件两方面的含义，电阻元件是指对电流呈现阻碍作用的耗能元件的总称，如电炉、白炽灯、电阻器等。

2. 电阻定律

导体的电阻不仅与导体自身的材料有关，而且与导体的长度成正比，与导体的横截面积成反比，这个结论称为电阻定律。

$$R=\rho\frac{l}{S} \tag{2-8}$$

式 2-8 中，ρ 是导体的电阻率，单位为欧·米（Ω·m），是反映材料导电性能好坏的物理量。l 是导体长度，单位为米（m）。S 是导体的横截面积，单位为平方米（m^2）。常见材料在 20℃时的电阻率见表 2-1-1。

表 2-1-1　常见材料在 20℃ 时的电阻率

材料名称	电阻率（Ω·m）
银	1.6×10^{-8}
铜	1.7×10^{-8}

续表

材料名称	电阻率（Ω·m）
铝	2.9×10^{-8}
铁	1.0×10^{-7}
电木	$10^{10}\sim10^{14}$
橡胶	$10^{13}\sim10^{16}$

3. 电阻的分类

电阻按材料分为：碳膜电阻、金属电阻、线绕电阻。

电阻按用途分为：定值电阻、热敏电阻、光敏电阻、压敏电阻等。

（1）定值电阻：电阻阻值不变的电阻器，简称电阻，如图 2－1－6 所示。对于定值电阻来说，它的长度、横截面面积一定。制作定值电阻时，为了能够在温度变化的情况下保证电阻值近似不变，一般选用电阻率与温度几乎无关的材料（如合金材料）作为导体（绕制定值电阻），也就是说，材料的电阻值几乎不受温度变化影响。

（2）热敏电阻：不同的温度下表现出不同的电阻值，如图 2－1－7 所示。常温器件适用温度为－55℃～315℃，高温器件适用温度高于 315℃（目前最高可达到 2 000℃），低温器件适用温度为－273℃～－55℃。

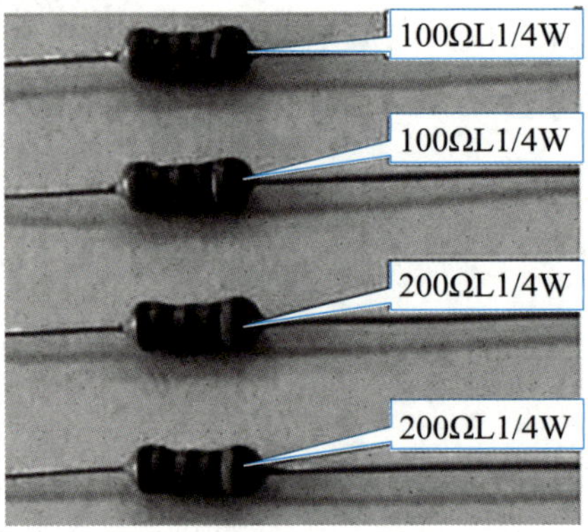

图 2－1－6　定值电阻

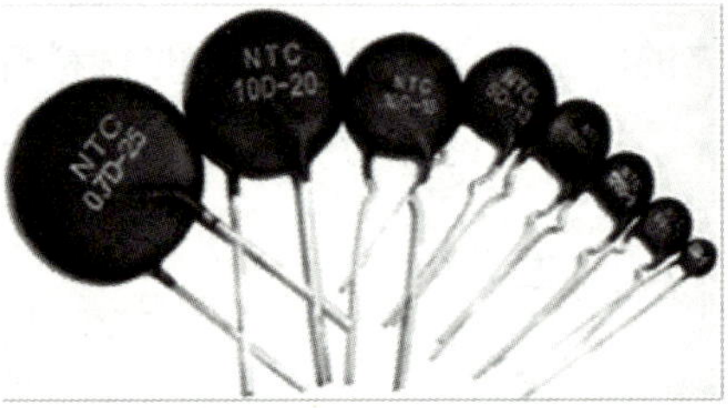

图 2－1－7　热敏电阻

（3）光敏电阻：如图 2－1－8 所示，其具有在特定波长的光照射下，阻值迅速减小的特性。

（4）压敏电阻（电压）：如图 2－1－9 所示，是具有非线性伏安特性的电阻器件，主要用于在电路承受过压时进行电压钳位，吸收多余的电流以保护敏感器件。

（5）压敏电阻（电阻式压力传感器）：如图 2－1－10 所示，用于测量压力，是一种可把位移、力、加速度、扭矩等非电物理量的变化转换为电阻值变化的传感器。

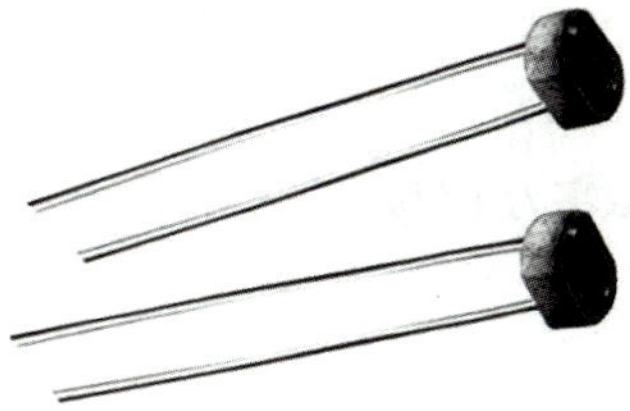

图 2-1-8 光敏电阻

图 2-1-9 压敏电阻（电压）

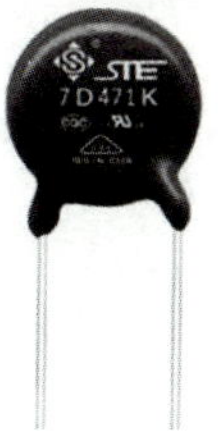

图 2-1-10 压敏电阻
（电阻式压力传感器）

4. 电阻器的标识方法

（1）直标法。

直标法是把额定功率、阻值、偏差等电阻器的性能指标，用数字和文字直接标在电阻器的表面。

（2）色标法。

色标法是在电阻的一端涂以色环，表示电阻值和偏差。用黑、棕、红、橙、黄、绿、蓝、紫、灰、白分别表示 0 到 9。电阻值的标注方法是：从左端开始第一、二环表示有效数字，第三环表示有效数字 $\times 10^n$ 的值，单位为 Ω，第四环表示误差，其中金色表示±5%，银色表示±10%，没有色标表示±20%，详细说明见表 2-1-2。

表 2-1-2 色标法说明

颜色	第一色环 第一位有效数字	第二色环 第二位有效数字	第三色环 倍乘	第四色环 误差（%）
棕	1	1	10^1	±1
红	2	2	10^2	±2
橙	3	3	10^3	—
黄	4	4	10^4	—
绿	5	5	10^5	±0.5
蓝	6	6	10^6	±0.2
紫	7	7	10^7	±0.1
灰	8	8	10^8	—
白	9	9	10^9	—
黑	0	0	10^0	—
金	—	—	10^{-1}	±5
银	—	—	10^{-2}	±10
无色	—	—	—	±20

注：有些电阻为五环，则第三环为第三位有效数字，第四环为倍乘，第五环为误差。

例如，100Ω 的电阻为五环，五环电阻一般为精密电阻。10kΩ 的电阻为四环，四环电阻一般为普通电阻，读数方法如图 2-1-11 所示。

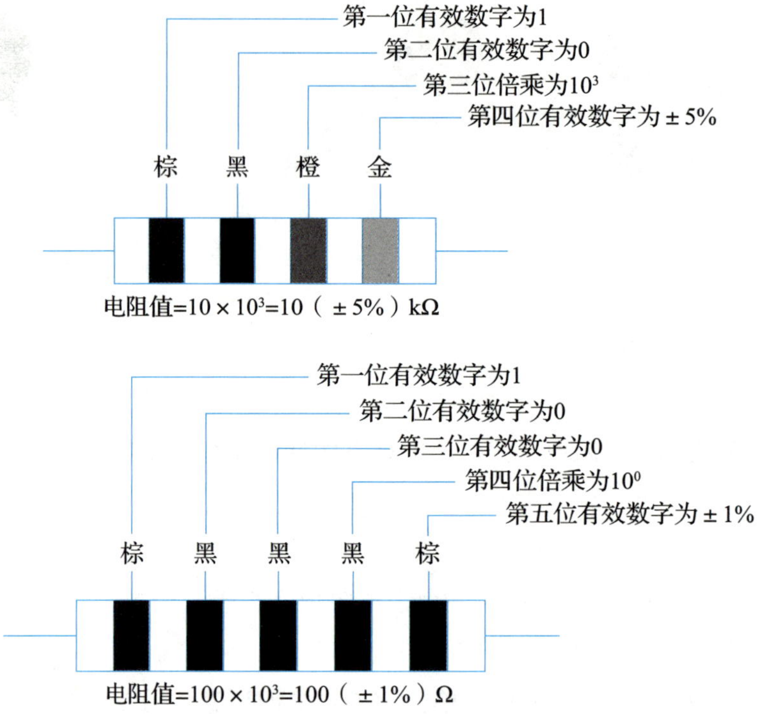

图 2-1-11　色标法识别电阻

三、电容元件

1. 电容的概念

电容是在电路中储存电荷的器件，用符号 C 表示，工作方式是充、放电，主要性能是建立电场、储存电能。“电容”一词既代表电容元件，也代表电容参数。电容的单位有法拉（F）、微法（μF）、纳法（nF）和皮法（pF），它们之间的换算关系是 $1\text{F}=10^{6}\mu\text{F}=10^{9}\text{nF}=10^{12}\text{pF}$。

2-2　电容元件

电容是储能元件，本身不消耗电能。电容与电源之间进行能量的相互转换，把电能转换为电场能。电容的特点是通交流、隔直流，阻低频、通高频，常用于耦合、旁路、滤波、谐振等场合。

2. 电容的分类

电容按结构可分为固定电容和可变电容；按材料介质可分为气体介质电容、纸质电容、有机薄膜电容、瓷质电容、云母电容、玻璃釉电容、电解电容、钽电容等；按极性可分为有极性和无极性电容。

3. 电容的计算

电容的计算公式如下：

串联时

$$C=\frac{1}{\frac{1}{C_1}+\frac{1}{C_2}+\cdots+\frac{1}{C_n}} \tag{2-9}$$

并联时

$$C=C_1+C_2+\cdots+C_n \tag{2-10}$$

四、电感元件

1. 电感的概念

电感是用导线在绝缘骨架上单层或多层绕制而成的，又称电感线圈。电感的单位有亨（H）、毫亨（mH）和微亨（μH），它们之间的换算关系是 $1\text{H}=10^3\text{mH}=10^6\mu\text{H}$。

电感是指能够在电路中把电场能转换为磁场能的器件，工作方式是充、放电，主要性能是建立磁场、储存磁能。电感的特点是通直流、隔交流，阻高频、通低频，电感常用于储能、滤波、延迟和振荡等。

2. 电感的分类

电感通常分为两类：一类是应用自感作用的线圈，另一类是应用互感作用的变压器。

此外，按电感形式分类，可分为固定电感和可变电感；按导磁体性质分类，可分为空芯线圈、铁氧体线圈、铁芯线圈和铜芯线圈；按工作性质分类，可分为天线线圈、振荡线圈、扼流线圈、陷波线圈和偏转线圈。

3. 电感的计算

电感不存在耦合现象，电感的计算公式如下：

串联时

$$L=L_1+L_2+\cdots+L_n \tag{2-11}$$

并联时

$$L=\frac{1}{\frac{1}{L_1}+\frac{1}{L_2}+\cdots+\frac{1}{L_n}} \tag{2-12}$$

任务实施

一、任务导入

电阻是电子电路中常见的元器件之一。在电工电子技术领域，电阻的识读与测量是需要掌握的重要技能之一。可用万用表测量电阻的阻值，也可用电桥测量，还可以根据直标法或色标法识读电阻的阻值。本任务的内容是用万用表测量电阻的阻值，并与识读值进行比较。

二、工作过程

电阻阻值的识读与测量

（1）使用方法：首先打开数字万用表的电源开关，然后把红表笔插入 VΩ 孔，黑表笔插入 COM 孔，根据预估的被测电阻的阻值选择适当的电阻挡量程，将红、黑表笔分别接在电阻的两端，待示数稳定后读取数值。

（2）操作任务：用数字万用表测量 5 个不同的电阻的阻值，并将测得数据记录在表 2－1－3 中；根据色标法读取电阻的阻值，也填入表中。对比识读和测量的数值是否相同，并分析原因。

表 2－1－3　电阻阻值的识读与测量

被测电阻	识读值	测量值	二者是否相同	原因分析
电阻 1				
电阻 2				
电阻 3				
电阻 4				
电阻 5				

三、小组讨论

（1）如何区分色环电阻的首环和尾环？

（2）需要 2 000μF 的电容，可实验室中只有 1 000μF 的电容，应该怎么办？

四、考核评价

首先由学生根据操作任务的完成情况进行自评，然后同一小组内的同学进行互评，最后由授课教师进行综合评价。考核评价表见表 2－1－4。

表 2－1－4　考核评价表

任务内容	评分标准	配分	自评	互评	综合评价
电阻、电容和电感的认知	能准确说出电子元件的名称、型号等信息	20			
根据色标法读取电阻的阻值；用数字万用表测量电阻的阻值	能说出色标法的标识方法，并准确读取电阻的阻值；正确操作数字万用表，并准确测量阻值	50			

续表

任务内容	评分标准	配分	自评	互评	综合评价
职业素养与规范	着装规范（5分） 准备工作充分（5分） 遵守安全操作规程（10分） 整理操作台（5分） 不迟到早退（5分）	30			
总分					
自评人：	小组成员：		日期：		
教师评价意见：					

任务二　简单电路的分析与调试

2-3　简单电路的分析

在生产实际和供电线路中，电阻有串联、并联、混联 3 种连接方式。能用电阻串联、并联的计算方法进行简化的电路称为简单电路。探究并掌握简单电路的特点，有助于进一步学习各种电路。

知识链接

一、欧姆定律

1. 部分电路的欧姆定律

只含有负载而不包含电源的一段电路称为部分电路。导体中的电流与导体两端的电压成正比，与导体的电阻成反比，这个规律称为部分电路的欧姆定律。

$$I=\frac{U}{R} \tag{2-13}$$

式 2-13 中，I 为电流，单位是安培（A）；U 为电压，单位是伏特（V）；R 为电阻，单位是欧姆（Ω）。

2. 全电路欧姆定律

全电路是指含有电源的闭合电路。在一个闭合电路中，电流与电源的电动势成正比，与电路中内电阻和外电阻之和成反比，这个规律称为全电路欧姆定律。

$$I=\frac{E}{R+r} \tag{2-14}$$

式 2-14 中，I 为电流，单位是安培（A）；E 为电动势，单位是伏特（V）；R 为电路的外电阻，r 为电路的内电阻，单位均是欧姆（Ω）。

【例 2-1】 有一电源的电动势 $E=3\text{V}$，内阻 $r=0.4\Omega$，外接负载电阻 $R=9.6\Omega$，试求电源电压和内压降。

解：由全电路欧姆定律，得：

$$I=\frac{E}{R+r}=\frac{3}{9.6+0.4}=0.3\text{A}$$

故电源电压为：

$$U=IR=0.3\times 9.6=2.88\text{V}$$

内压降为：

$$U_r=Ir=0.3\times 0.4=0.12\text{V}$$

二、电阻的串联

1. 概念

两个或两个以上的电阻，一个接一个地连成一串，使电流只有一条通路的连接方式称为电阻的串联，如图 2-2-1 所示。

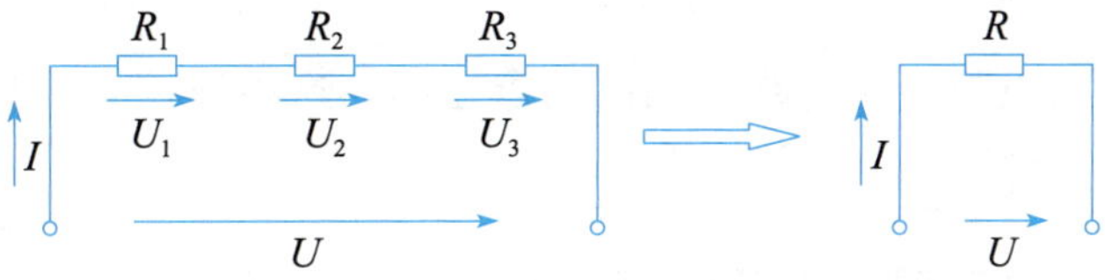

图 2-2-1　电阻的串联

2. 特点

(1) 电路中流过每个电阻的电流都相等。

$$I=I_1=I_2=I_3=\cdots=I_n$$

(2) 电路两端的总电压等于各电阻两端的电压之和。

$$U=U_1+U_2+U_3+\cdots+U_n$$

(3) 电路的等效电阻（即总电阻）等于各串联电阻之和。

$$R=R_1+R_2+R_3+\cdots+R_n$$

(4) 分压公式。

如图 2-2-2 所示为两个电阻串联的电路。

根据各电阻上的电压 U_1、U_2 与总电压 U 的关系，可得电压表达式：

$$U=U_1+U_2=R_1I+R_2I=(R_1+R_2)I$$

得出电流：

$$I=\frac{U}{R_1+R_2}$$

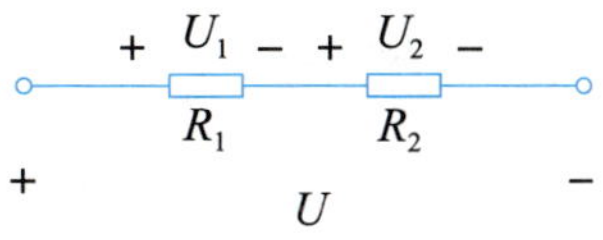

图 2-2-2　两个电阻串联的电路

分压公式为：

$$U_1 = R_1 I = U\frac{R_1}{R_1+R_2}$$
$$U_2 = R_2 I = U\frac{R_2}{R_1+R_2} \qquad (2-15)$$

3. 应用

（1）电阻串联后可以获得较大阻值的电阻。

（2）串联可实现一个电源提供几种不同的电压。

（3）串联可以扩大电压表的量程。

三、电阻的并联

1. 概念

两个或两个以上的电阻接在电路中相同两点之间，这种连接方式称为电阻的并联，如图 2-2-3 所示。

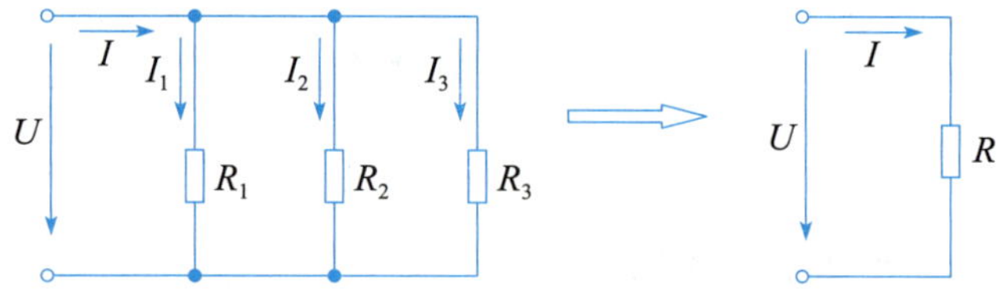

图 2-2-3　电阻的并联

2. 特点

（1）电路中各电阻两端的电压相等，并且等于电路两端的总电压。

$$U = U_1 = U_2 = U_3 = \cdots = U_n$$

（2）电路中的总电流等于各电阻中的电流之和。

$$I = I_1 + I_2 + I_3 + \cdots + I_n$$

（3）电路的等效电阻（即总电阻）的倒数，等于各并联电阻的倒数之和。

$$\frac{1}{R} = \frac{1}{R_1} + \frac{1}{R_2} + \frac{1}{R_3} + \cdots + \frac{1}{R_n}$$

（4）分流公式。

如图 2-2-4 所示为两个电阻并联的电路。

由电路图可以看出：

$$I = I_1 + I_2 = U\left(\frac{1}{R_1} + \frac{1}{R_2}\right) = U\frac{R_1+R_2}{R_1 \times R_2}$$

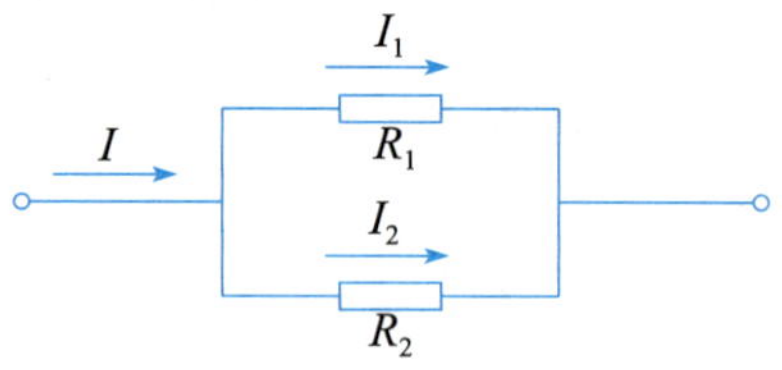

图 2-2-4　两个电阻并联的电路

$$U=I\frac{R_1\times R_2}{R_1+R_2}$$

分流公式为：

$$I_1=\frac{U}{R_1}=I\frac{R_2}{R_1+R_2}$$
$$I_2=\frac{U}{R_2}=I\frac{R_1}{R_1+R_2} \quad (2-16)$$

3. 应用

（1）电阻并联可以获得较小的阻值。

（2）将工作电压相同的负载并联使用，可确保任何一个负载的工作情况发生变化时都不会影响其他的负载。

（3）并联可以扩大电流表的量程。

四、电阻的混联

1. 概念

在一个电路中，既有电阻的串联，又有电阻的并联，这种连接方式称为电阻的混联。

2. 计算混联电路的等效电阻的步骤

（1）将电路整理并简化成容易识别的串联或并联关系。

（2）根据简化的电路进行计算。

【例 2-2】 如图 2-2-5（a）所示的电路，已知 $R_1=6\Omega$，$R_2=8\Omega$，$R_3=R_4=4\Omega$，求等效电阻 R_{AB} 是多少？

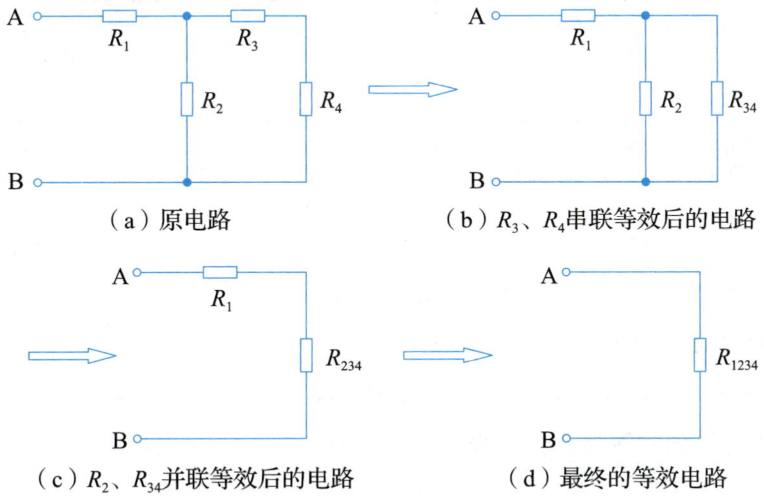

图 2-2-5　电阻的混联

解：经分析，R_3、R_4 串联后的阻值为 R_{34}，如图 2-2-5（b）所示；R_{34} 与 R_2 并联，并联后的阻值为 R_{234}，如图 2-2-5（c）所示；R_{234} 与 R_1 串联后的阻值为 R_{1234}，如图 2-2-5（d）所示。

$$R_{34}=R_3+R_4=4+4=8\Omega$$

$$R_{234}=R_2//R_{34}=8//8=4\Omega$$

$$R_{AB}=R_1+R_{234}=6+4=10\Omega$$

任务实施

一、任务导入

对于直流电路，经常要用到串联电阻的分压公式和并联电阻的分流公式对电压和电流进行计算，本任务将对分压公式和分流公式进行验证。

二、工作过程

1. 验证串联电阻的分压公式

（1）准备工作：直流电源（7.5V），2 块电压表，1 块电流表，100Ω 和 200Ω 电阻各 1 只，导线若干。

（2）操作任务：测量电路如图 2-2-6 所示，按图接线，并把计算值和测量值填入表 2-2-1 中。

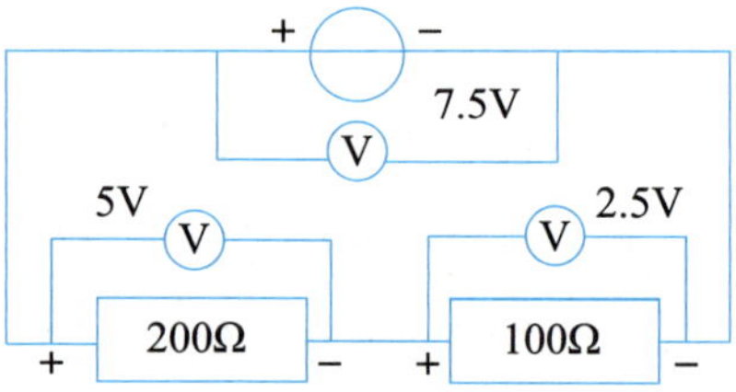

图 2-2-6　串联电阻的分压公式验证电路

表 2-2-1　分压公式的验证

被测电压	计算值	测量值	二者是否相同	原因分析
200Ω 电阻两端电压 U_1				
100Ω 电阻两端电压 U_2				

2. 验证并联电阻的分流公式

（1）准备工作：直流电源（3V），3 块直流电流表，100Ω 和 200Ω 电阻各 1 只，导线若干。

（2）操作任务：测量电路如图 2-2-7 所示，按图接线，并把计算值和测量值填入表 2-2-2 中。

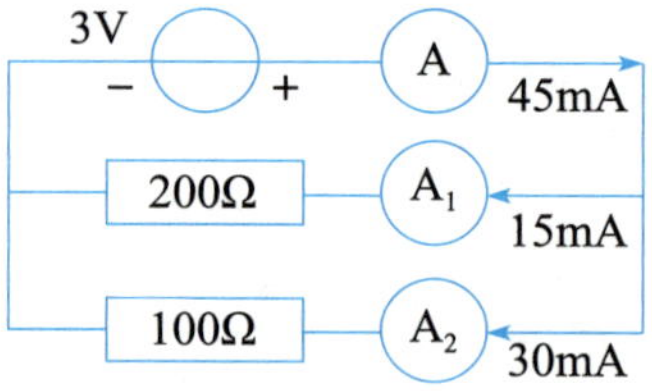

图 2-2-7　并联电阻的分流公式验证电路

表 2-2-2　分流公式的验证

被测电流	计算值	测量值	二者是否相同	原因分析
流过 200Ω 电阻的电流 I_1				
流过 100Ω 电阻的电流 I_2				

三、小组讨论

（1）一个电路中有 3 个白炽灯，其中一个不亮，另外两个正常发光，则不亮的白炽灯与其他白炽灯是如何连接的？

（2）白天开灯的亮度会比晚上开灯的亮度更亮一些，原因是什么？

（3）如何用一个电阻扩大电流表的量程？

（4）如何用一个电阻扩大电压表的量程？

四、考核评价

首先由学生根据操作任务的完成情况进行自评，然后同一小组内的同学进行互评，最后由授课教师进行综合评价。考核评价表见表 2-2-3。

表 2-2-3　考核评价表

任务内容	评分标准	配分	自评	互评	综合评价
串、并联电阻电路参数的计算	会计算串、并联电阻电路的电阻、电流和电压	40			
混联电阻电路参数的计算	会计算混联电阻电路的电阻、电流和电压	30			
职业素养与规范	着装规范（5 分） 准备工作充分（5 分） 遵守安全操作规程（10 分） 整理操作台（5 分） 不迟到早退（5 分）	30			
总分					
自评人：	小组成员：		日期：		
教师评价意见：					

任务三　复杂电路的分析与调试

复杂电路是指不能用电阻串、并联的计算方法简化的电路。基尔霍夫定律、支路电流法和叠加定理是分析和解决复杂电路问题的主要方法。

知识链接

一、复杂电路

1. 概念

无法用串、并联关系进行简化的电路称为复杂电路。

2. 有关复杂电路的名词术语

（1）支路：由一个或几个元件依次相接构成的无分支电路称为支路。在同一支路中，流过所有元件的电流都相等。

（2）节点：3 条或 3 条以上支路的连接点称为节点。

（3）回路：电路中任意一个闭合路径称为回路。

（4）网孔：单孔的回路称为网孔。

2-4　基尔霍夫定律

二、基尔霍夫电流定律（KCL）

1. 概念

对任何节点，在任一瞬间，流入节点的电流等于由节点流出的电流。或者说，在任一瞬间，一个节点上电流的代数和为零。

如图 2-3-1 所示，对于 a 节点，$I_1+I_2=I_3$；或设流入节点取“+”，流出节点取“−”，得到 $I_1+I_2-I_3=0$。

【例 2-3】 如图 2-3-2 所示，对于节点 M，已知 $I_1=0.2\text{A}$，$I_2=-0.3\text{A}$，$I_3=-0.1\text{A}$，$I_4=-0.7\text{A}$，求 I_5。

解： 由 KCL 可知：

$$I_1-I_2+I_3+I_4-I_5=0$$

得　$$I_5=I_1-I_2+I_3+I_4=0.2-(-0.3)+(-0.1)+(-0.7)=-0.3\text{A}$$

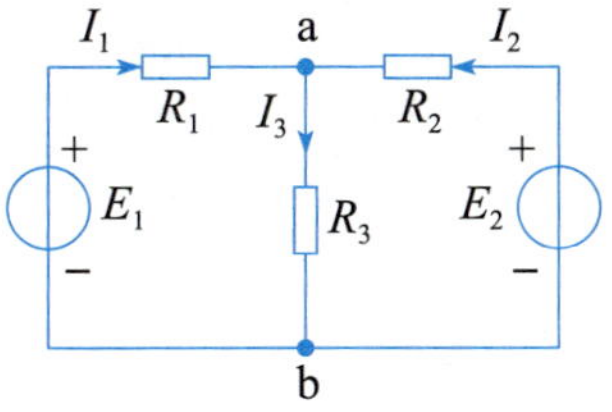

图 2-3-1　基尔霍夫电流定律

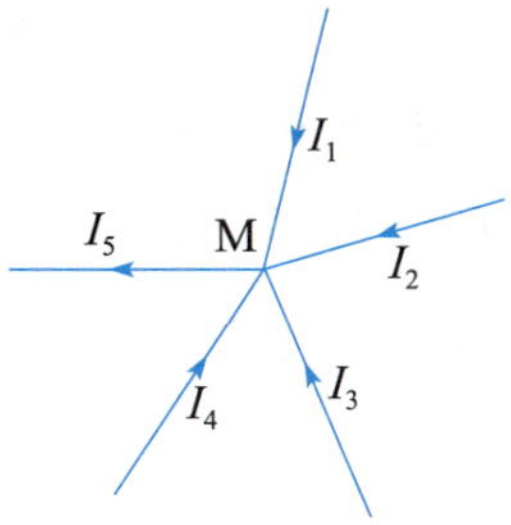

图 2-3-2　基尔霍夫电流定律应用

2. 基尔霍夫定律的拓展

KCL 不仅适用电路中的任一节点，也适用于任意一个封闭面。如图 2-3-3 所示，虚线部分即可看成一个封闭面，又称广义节点。对于该节点，KCL 依然满足，有 $I_1+I_2+I_3=0$。

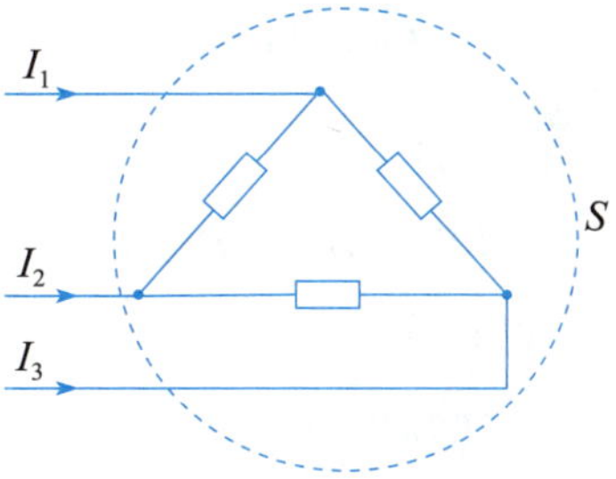

图 2-3-3　基尔霍夫定律的拓展

三、基尔霍夫电压定律（KVL）

在任意瞬时，沿任意闭合回路绕行一周，各段电压的代数和为零。在列 KVL 方程时，应先给回路设定一个绕行方向。支路电压的参考电压与绕行方向一致时，该项电压为正；反之则为负。

如图 2-3-4 所示，对于回路 adbca 来说，有

$$\sum U_{降}=\sum U_{升}$$

即：　$I_1R_1+E_2=I_2R_2+E_1$

【例 2-4】 如图 2-3-5 所示电路，已知 $U_1=10V$，$U_2=-2V$，$U_3=3V$，$U_7=2V$，求 U_5、U_6 和 U_{cd}。

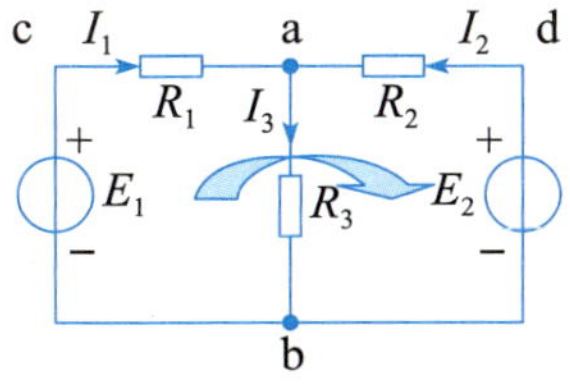

图 2-3-4　基尔霍夫电压定律

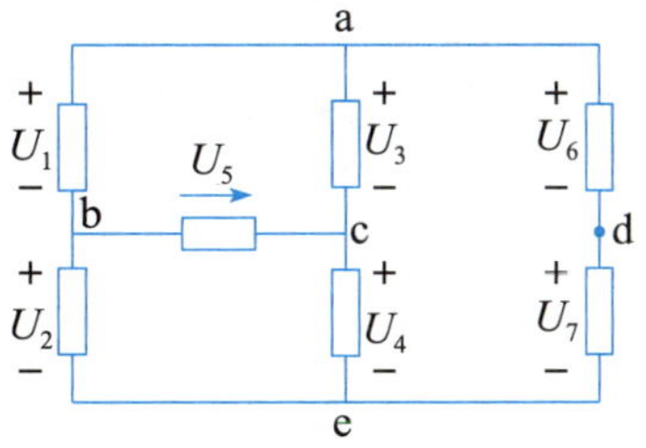

图 2-3-5　基尔霍夫电压定律应用

解： 由 KVL 可知，对回路 acba 有：

$$U_3-U_5-U_1=0$$

即　$U_5=U_3-U_1=3-10=-7V$

对回路 adeba，有：

$$U_6+U_7-U_1-U_2=0$$

即 $U_6=U_1+U_2-U_7=10+(-2)-2=6\text{V}$

对于假想回路 adca，有：

$$U_6-U_{cd}-U_3=0$$

即 $U_{cd}=U_6-U_3=6-3=3\text{V}$

四、支路电流法

1. 概念

支路电流法是指先假定各支路的电流方向和回路绕行方向，再根据基尔霍夫定律列出方程式进行计算。

2. 解题步骤

（1）任意标出各支路的电流方向和回路绕行方向。

（2）根据基尔霍夫第一定律（KCL）列出节点电流方程。

（3）根据基尔霍夫第二定律（KVL）列出回路电压方程。

（4）联立方程求出各支路的电流，并确定各支路电流的实际方向。

【例 2-5】 如图 2-3-6 所示电路，已知 $E_1=E_2=62\text{V}$，$R_1=1\Omega$，$R_2=2\Omega$，$R_3=20\Omega$，求各支路的电流。

解： 假定各支路的电流方向和回路绕行方向如图 2-3-6 所示，根据基尔霍夫定律列出方程：

节点 A：　$I_1=I_2+I_3$

回路Ⅰ：　$E_1=I_1R_1+I_3R_3$

回路Ⅱ：　$-E_2=I_2R_2-I_3R_3$

联立方程并代入已知数值，得：

$$\begin{cases} I_1=I_2+I_3 \\ I_1+20I_3=62 \\ 2I_2+20I_3=-62 \end{cases}$$

解得：

$$\begin{cases} I_1=2\text{A} \\ I_2=-1\text{A} \\ I_3=3\text{A} \end{cases}$$

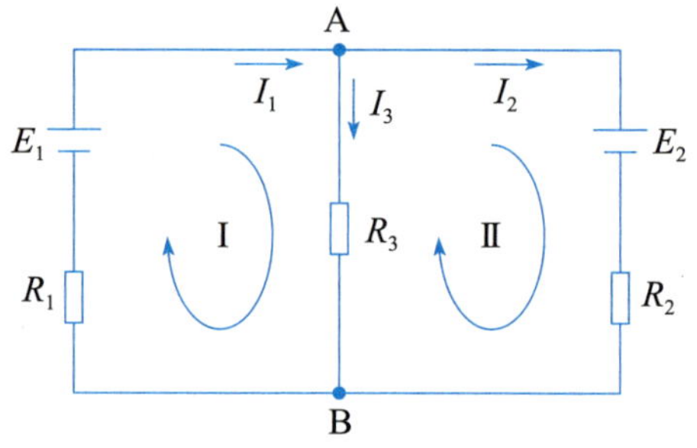

图 2-3-6　支路电流法应用

五、叠加定理

1. 概念

在一个含有多个电源同时作用的线性电路中，任何一个支路的电流或任意两点间的电压等于各个电源单独作用时，在该支路所产生的电流或电压的代数和。

2-5　叠加定理

如图 2-3-7 所示，有 $I_1=I_1'+I_1''$，$I_2=I_2'+I_2''$，$I_3=I_3'+I_3''$。

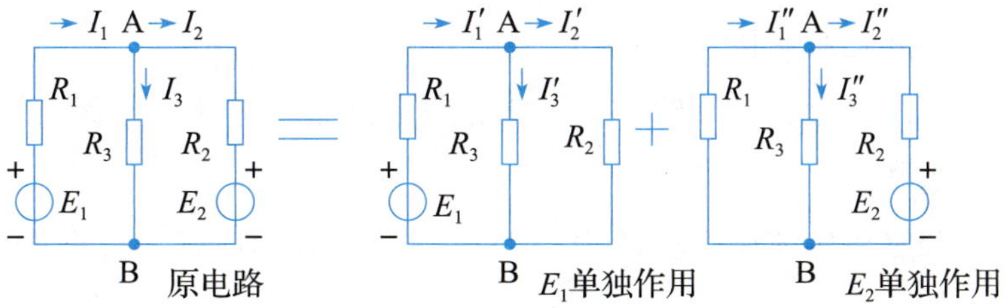

图 2-3-7　叠加定理

【例 2-6】 试用叠加定理计算图 2-3-8（a）所示电路中的电流 I_R。

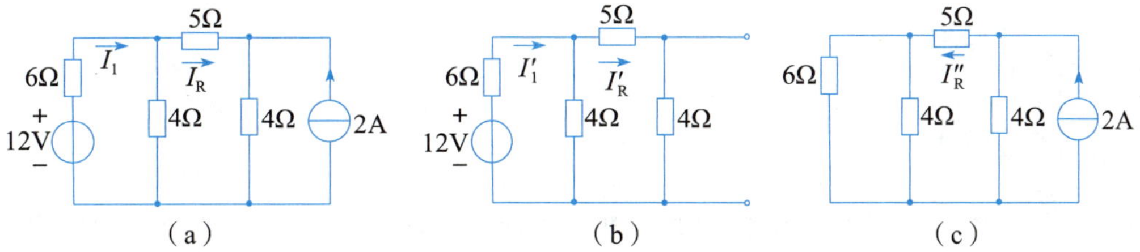

图 2-3-8　叠加定理应用

解： 12V 电压源单独作用时的分电路如图 2-3-8（b）所示，此时把 2A 的电流源开路，电阻均保留。

$$I_1'=\frac{12}{6+4//(4+5)}=1.37\text{A}$$

$$I_R'=\frac{I_1'\times 4}{4+(4+5)}=\frac{1.37\times 4}{13}=0.42\text{A}$$

2A 电流源单独作用时的分电路如图 2-3-8（c）所示，此时把 12V 电压源短路，电阻均保留。应用分流公式有：

$$I_R''=\frac{2\times 4}{4+(5+4//6)}=0.7\text{A}$$

求电流 I_R：

$$I_R = I'_R - I''_R = 0.42 - 0.7 = -0.28\text{A}$$

2. 注意事项

（1）因为功率与电压和电流之间不是线性关系，所以叠加定理只适用于线性电路中电压和电流的计算，不能计算功率。

（2）当某一独立源单独作用时，其他独立源应视为零值，即独立电压源短路、独立电流源开路，只对电源分别考虑，电路的结构和参数不变。在电路中，其值随每一个独立源单独作用时控制量的变化而变化。

（3）要标明各支路电流、电压的参考方向。原电路中各电压、电流的最后结果是各分电压、分电流的代数和。

（4）凡是每个独立源单独作用所产生的响应分量与总响应参考方向一致时，取正值；反之，取负值。

（5）运用叠加定理时也可以将电源分组求解，每个分电路的电源个数可能不止一个。

任务实施

一、任务导入

基尔霍夫定律是解决复杂电路问题的基本定律，包括基尔霍夫电流定律（KCL）和基尔霍夫电压定律（KVL），本任务将对基尔霍夫定律进行验证。

二、工作过程

1. 验证基尔霍夫电流定律

（1）准备工作：直流电源，导线，电阻，直流电流表。

（2）操作任务：测量电路如图 2－3－9 所示，按图接线，并把计算值和测量值填入表 2－3－1 中。其中，$E_1=12\text{V}$，$E_2=6\text{V}$，$R_1=R_3=R_5=510\Omega$，$R_2=1\text{k}\Omega$，$R_4=330\Omega$。

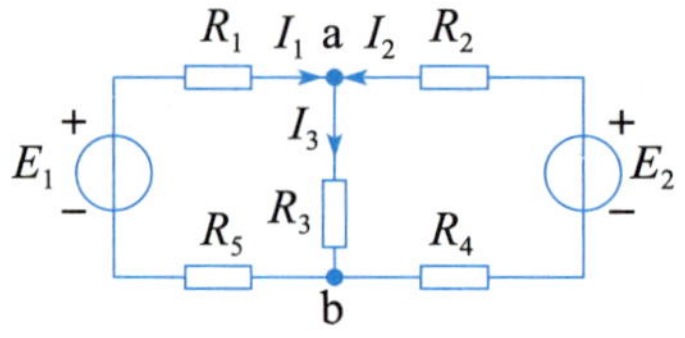

图 2－3－9　基尔霍夫电流定律验证电路

表 2-3-1 基尔霍夫电流定律的验证

被测电流	计算值	测量值	二者是否相同	原因分析
I_1				
I_2				
I_3				

2. 验证基尔霍夫电压定律

（1）准备工作：直流电源，导线，电阻，直流电压表。

（2）操作任务：测量电路如图 2-3-10 所示，按图接线，并把计算值和测量值填入表 2-3-2 中。其中，$E_1=12\text{V}$，$E_2=6\text{V}$，$R_1=R_3=R_5=510\Omega$，$R_2=1\text{k}\Omega$，$R_4=330\Omega$。

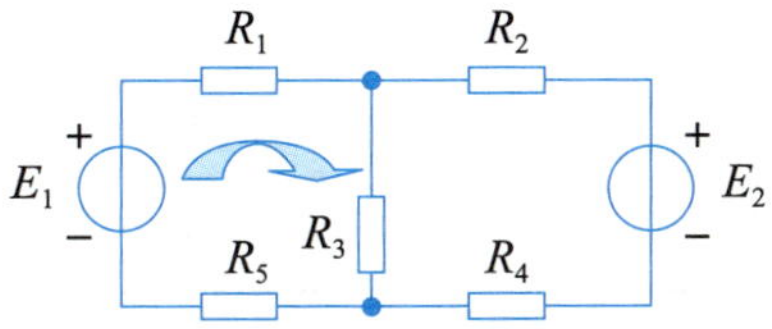

图 2-3-10 基尔霍夫电压定律验证电路

表 2-3-2 基尔霍夫电压定律的验证

被测电压	计算值	测量值	二者是否相同	原因分析
R_1 两端的电压				
R_3 两端的电压				
R_5 两端的电压				

三、小组讨论

（1）使用基尔霍夫电压定律解题时，如何判断电阻两端的电压的升降？

（2）小鸟站在高压电线上为什么不会触电？

四、考核评价

首先由学生根据操作任务的完成情况进行自评，然后同一小组内的同学进行互评，最后由授课教师进行综合评价。考核评价表见表 2-3-3。

表 2-3-3　考核评价表

任务内容	评分标准	配分	自评	互评	综合评价
基尔霍夫定律的应用	会使用基尔霍夫定律计算复杂电路中的各项参数	40			
叠加定理的应用	会使用叠加定理计算复杂电路中的各项参数	30			
职业素养与规范	着装规范（5 分） 准备工作充分（5 分） 遵守安全操作规程（10 分） 整理操作台（5 分） 不迟到早退（5 分）	30			
总分					
自评人：	小组成员：	日期：			
教师评价意见：					

项目小结

（1）电路一般由电源、负载和中间环节组成。电路的 3 种状态分别是通路（闭路）、开路（断路）和短路。

（2）电路的基本物理量包括：电流、电压、电动势、电位、功率和电能。

（3）物体对电流的阻碍作用称为该物体的电阻，用符号 R 表示。电阻的单位为欧姆（Ω）。

（4）导体的电阻不仅与导体自身材料有关，而且与导体的长度成正比，与导体的横截面积成反比，这个结论称为电阻定律。

（5）电容是在电路中储存电荷的器件，用符号 C 表示，工作方式是充、放电，主要性能是建立电场、储存电能。电容的单位是法拉（F）。

（6）电感是指能够在电路中把电场能转换为磁场能的器件，用符号 L 表示，工作方式是充、放电，主要性能是建立磁场、储存磁能。电感的单位是亨利（H）。

（7）在电路中，电阻有串联、并联、混联 3 种连接方式。

（8）基尔霍夫定律是电路理论中最基本也是最重要的定律之一。它概括了电路中电流和电压分别遵循的基本规律，包括基尔霍夫电流定律（KCL）和基尔霍夫电压定律（KVL）。

（9）支路电流法是计算复杂电路的最基本的方法之一。该方法应用基尔霍夫电流定律和电压定律分别对结点和回路列出方程组，而后解出各未知支路电流。

练习题

一、单选题

1. 电路由电源、(　　) 和中间环节等基本部分组成。

A. 导线　　B. 负载　　C. 开关　　D. 电缆

2. 符号  表示 (　　)。

A. 电源　　B. 负载　　C. 开关　　D. 导线

3. 符号  表示 (　　)。

A. 电源　　B. 电阻　　C. 电感　　D. 电容

4. 人们把 (　　) 定向移动的方向规定为电流的方向。

A. 电子　　B. 正电荷　　C. 负电荷　　D. 光子

5. 在金属导体中，电流的方向与自由电子实际定向移动的方向 (　　)。

A. 相同　　B. 相反　　C. 不一定　　D. 不相关

6. 导体对电流的阻碍作用称为导体的 (　　)。

A. 电压　　B. 电流　　C. 电阻　　D. 电感

7. 电阻的单位是 (　　)。

A. 安培　　B. 伏特　　C. 欧姆　　D. 焦耳

8. 导体的电阻不仅与导体自身的材料有关，而且与导体的长度 (　　)。

A. 成正比　　B. 成反比　　C. 不一定　　D. 无关

9. 在纯电阻电路里，电流与电压的瞬时值满足 (　　) 定律。

A. 欧姆　　B. 法拉第　　C. 电磁感应　　D. 安培

10. 无功功率的单位是 (　　)。

A. 瓦特　　B. 千瓦　　C. 乏　　D. 伏安

11. 欧姆定律中，导体的电流与导体两端的电压 (　　)。

A. 成正比　　B. 成反比　　C. 无关　　D. 不确定

12. 当一个白炽灯接上 4.5V 电压时，其灯丝的工作电阻为 1.5Ω。那么此时流经白炽灯的电流是 (　　)。

A. 1A　　B. 2A　　C. 3A　　D. 4A

13. 三条或三条以上支路的连接点称为 (　　)。

A. 连接点　　B. 节点　　C. 汇合点　　D. 聚点

14. 基尔霍夫第一定律又称节点电流定律，英文简称为 (　　)。

A. KCL　　B. KVL　　C. KCF　　D. KFL

15. 计算电位时应选择一个零电位点，即（　　）。

A. 零点　　B. 参考点　　C. 基点　　D. 接地点

16. 电路中某点的电位，就是从该点出发，沿任选的一条路径“走”到参考点所经过的全部电位降的（　　）。

A. 代数和　　B. 代数差　　C. 相量和　　D. 相量差

二、判断题

1. 电源是将其他形式的能转换成电能的装置。（　　）
2. 电流流经的路径称为电路。（　　）
3. 电流的大小取决于单位时间内通过导体横截面的电量。（　　）
4. 凡大小和方向都不随时间变化的电流称为交流电流。（　　）
5. 在电源内部，电源力将单位正电荷从电源负极移动到正极所做的功称为电源的电动势。（　　）
6. 额定功率是指在一定的条件下，电阻器长期连续工作所允许消耗的最大功。（　　）
7. 色标法是用颜色表示元件的各种参数并直接标注在产品上的一种标识方法。（　　）
8. 在纯电阻电路中，电压与电流同相位。（　　）
9. 平均功率又称有功功率。（　　）
10. 有功功率又称平均功率。（　　）
11. 只含有负载而不包含电源的一段电路称为部分电路。（　　）
12. 全电路是指含有电源的闭合电路。（　　）
13. 电源短路是严重的故障，必须避免。（　　）
14. 对于电路中任意一个节点来说，流入某节点的电流之和等于流出这个节点的电流之和。（　　）
15. 基尔霍夫第二定律又称回路电压定律。（　　）
16. 电路中任意一个闭合路径称为回路。（　　）
17. 为了确保安全，通常把电路的某一点与大地连接，称为接地。（　　）
18. 电路的接地点就是电位等于零的参考点，用符号“⊥”表示。（　　）
19. 电路中的零电位点不可以任意选择。（　　）

项目三

正弦交流电路的分析与调试

知识目标

1. 认识正弦交流电，掌握正弦交流电的基本概念和表示方法。
2. 了解纯电阻电路、纯电感电路和纯电容电路的特性。
3. 了解 RLC 串联电路的特性。
4. 理解日光灯电路的工作原理。
5. 认识三相交流电。
6. 掌握三相交流电源的连接方法。
7. 掌握三相负载的连接方法。
8. 会计算三相交流电路的功率。

技能目标

1. 会使用示波器观察交流电的波形和相位差。
2. 会使用示波器测量交流电的频率和周期。
3. 会测量交流电的电压值和电流值。
4. 会计算交流电的功率及功率因数。

素养提升

培养爱岗敬业的职业精神；树立安全意识；能够应用所学知识对实际工程技术问题进行分析研究，提高分析问题和解决问题的能力。

任务一　单相正弦交流电路的分析与调试

能源电力作为国民经济发展的先导产业和基础行业，是推动和实现中国式现代化的动力之源。在日常生活中，平板电脑、手机等设备均使用直流电工作；荧光灯、洗衣机、空调、冰箱等均使用交流电工作。在交流电路中，电压和电流的大小和方向时刻在变化，这种电流在电路中周期性交替流动的电路称为交流电路。

知识链接

一、正弦交流电

1. 概念

凡大小和方向随时间做周期性变化的电流、电压和电动势称为交流电流、交流电压和交流电动势，统称交流电。交流电分为正弦交流电和非正弦交流电两种，正弦交流电指随时间按正弦规律变化的交流电。正弦交流电的函数表达式为 $i=I_m\sin(\omega t+\varphi_0)$，正弦交流电波形图如图 3－1－1 所示。

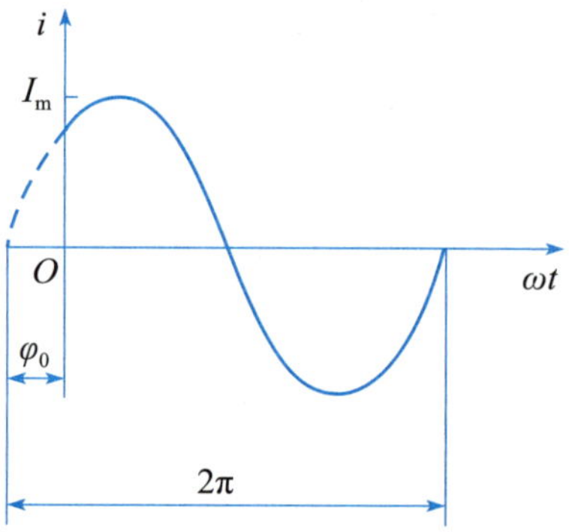

图 3－1－1　正弦交流电波形图

2. 表征正弦交流电的物理量

（1）周期、频率、角频率。

1）周期（T）：正弦交流电每重复变化一次所需的时间称为周期。单位是秒（s）。

2）频率（f）：交流电在 1s 内重复变化的次数称为频率。单位是赫兹（Hz）。我国交流电的工频为 50Hz。

周期和频率的关系为：

$$f=\frac{1}{T}\text{或 } T=\frac{1}{f} \tag{3-1}$$

3）角频率（ω）：正弦交流电在单位时间内变化的弧度数称为角频率。单位是弧度/秒（rad/s）。在一个周期 T 内，正弦交流电变化了 2π 弧度，角频率为：

$$\omega=\frac{2\pi}{T}=2\pi f \tag{3-2}$$

（2）瞬时值、最大值、有效值。

1）瞬时值（e、u、i）：正弦交流电在某一瞬间的大小称为瞬时值。

2）最大值（E_m、U_m、I_m）又称为幅值或峰值：最大的瞬时值称为最大值。

3）有效值（E、U、I）：一交流电流 i 和一直流电流 I 分别通过同一电阻 R，如果在相同的时间内产生的热量相等，则此直流电流的数值称为该交流电流的有效值。正弦量的有效值是最大值的 0.707 倍，即

$$\begin{cases} E=\dfrac{E_m}{\sqrt{2}}=0.707E_m \\ U=\dfrac{U_m}{\sqrt{2}}=0.707U_m \\ I=\dfrac{I_m}{\sqrt{2}}=0.707I_m \end{cases} \tag{3-3}$$

（3）相位、初相位、相位差。

1）相位（$\omega_t+\varphi_0$）：称为正弦交流电的相位。单位是弧度（rad）。

2）初相位（φ_0）：$t=0$ 的相位称为初相位，简称初相。单位是弧度（rad），初相的取值范围为 $-\pi\sim\pi$。

3. 正弦交流电的三要素

正弦交流电的三要素：有效值（或最大值）、频率（或周期、角频率）和初相。

【例 3-1】 已知某正弦电压为 $u=311\sin\left(100\pi t+\dfrac{\pi}{3}\right)$V，试求该交流电压的最大值 U_m、有效值 U、频率 f 和初相位 φ_0。

解： 最大值为： $U_m=311\text{V}$

有效值为： $U=\dfrac{U_m}{\sqrt{2}}=\dfrac{311}{\sqrt{2}}=220\text{V}$

频率为： $f=\dfrac{\omega}{2\pi}=\dfrac{100\pi}{2\pi}=50\text{Hz}$

初相位为： $\varphi_0=\dfrac{\pi}{3}$

4. 正弦交流电的表示方法

（1）解析法。

解析法是指利用三角函数式表示正弦交流电随时间变化的方法。正弦交流电动势、正弦交流电压和正弦交流电流的解析式分别为：

3-1 正弦交流电的三要素

$$\begin{cases} e=E_m\sin(\omega t+\varphi_0) \\ u=U_m\sin(\omega t+\varphi_0) \\ i=I_m\sin(\omega t+\varphi_0) \end{cases} \tag{3-4}$$

(2) 波形图表示法。

波形图表示法是利用三角函数式对应的正弦曲线来表示正弦交流电的方法，如图 3-1-2 所示。

(3) 相量图表示法。

正弦量还可以用一个称为相量的有方向的线段表示。该线段的长度等于正弦量的有效值，该线段与横坐标轴正方向的夹角等于正弦量的初相角 φ_0。例如，用 $\dot{I}$ 表示正弦交流电流的相量，用 $\dot{U}$ 表示正弦交流电压的相量，通常把图 3-1-3 所示图形称为相量图。

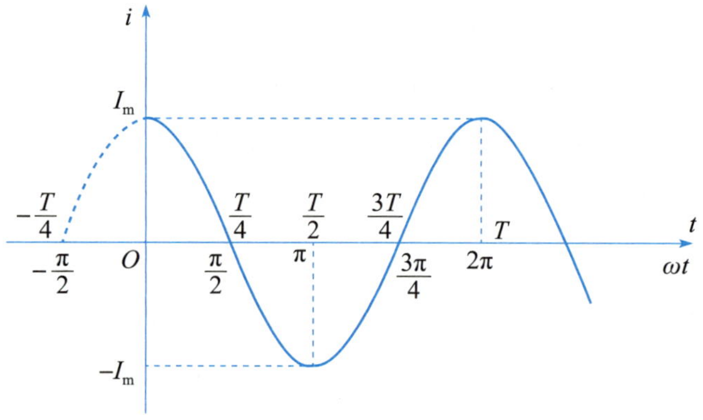

图 3-1-2 波形图

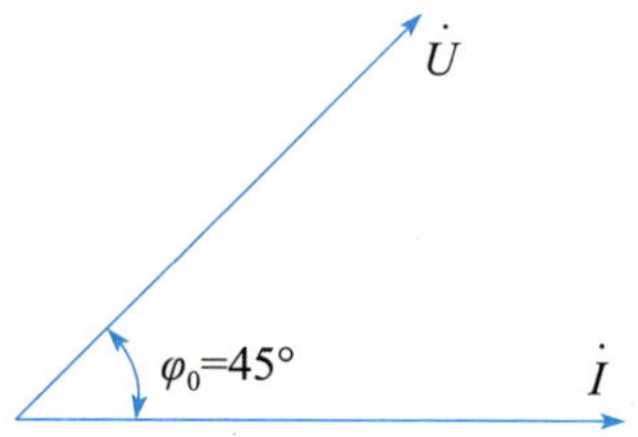

图 3-1-3 相量图

应用相量图时应注意以下几点：

(1) 同一相量图中，各正弦交流电的频率应相同。

(2) 同一相量图中，相同单位的相量应按相同比例画出。

(3) 一般取直角坐标轴的水平正方向为参考方向，逆时针转动的角度为正，反之为负。

(4) 用相量表示正弦交流电后，它们的加、减运算可按平行四边形法则进行。

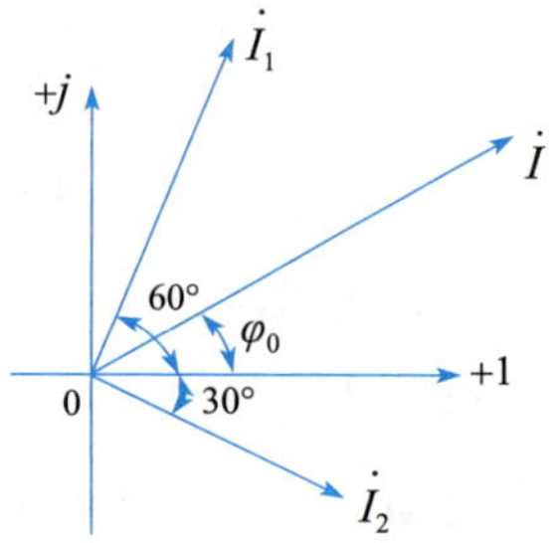

图 3-1-4 相量图

【例 3-2】 已知 $i_1=8\sqrt{2}\sin(\omega t+60°)$A，$i_2=6\sqrt{2}\sin(\omega t-30°)$A，试求总电流 i。

解： 用相量图求解正弦电流 i_1 和 i_2，相量式为 $\dot{I}_1=8\angle 60°$(A)，$\dot{I}_2=6\angle -30°$(A)。画出相量图，如图 3-1-4 所示。

用平行四边形法则求出总电流 i 的相量 $\dot{I}$。由于 i_1 和 i_2 的夹角为 90°，故：

$$I=\sqrt{I_1^2+I_2^2}=\sqrt{8^2+6^2}=10(\text{A})$$

相量 $\dot{I}$ 与横轴的夹角 φ_0 就是 $\dot{I}$ 的初相角，所以

$$\varphi_0=\arctan\frac{8}{6}-30°=23.1°$$

总电流的瞬时表达式为：

$$i=10\sqrt{2}\sin(\omega t+23.1°)(\text{A})$$

3－2　正弦交流电相量表示法

二、纯电阻电路

1. 概念

在交流电路中，只含有电阻，而没有电感和电容的电路称为纯电阻电路，如图 3－1－5 所示。

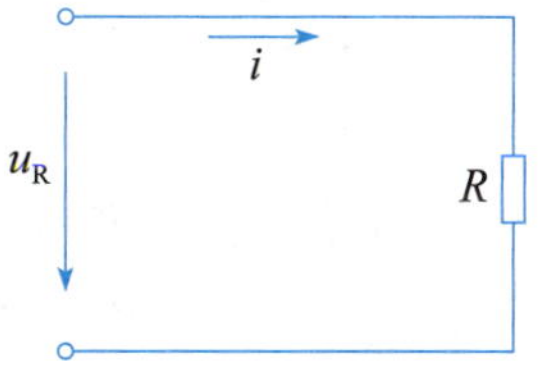

图 3－1－5　纯电阻电路

2. 电流与电压的数量关系

设加在电阻两端的电压 u_R 初相为零，即

$$u_R=U_{Rm}\sin\omega t \quad (3-5)$$

根据欧姆定律，通过电阻的电流为：

$$i=\frac{u_R}{R}=\frac{U_{Rm}}{R}\sin\omega t \quad (3-6)$$

得：

$$I_m=\frac{U_{Rm}}{R}\quad\left(I=\frac{U_R}{R}\right) \quad (3-7)$$

3. 电流与电压的相位关系

在纯电阻电路中，电流与电压是同频率、同相位的正弦量。

4. 有功功率

有功功率又称为平均功率，用字母 P 表示。瞬时功率在一个周期内的平均值称为平均功率，单位为瓦特（W），计算公式为：

$$P=U_RI=I^2R=\frac{U_R^2}{R} \quad (3-8)$$

三、纯电感电路

1. 概念

在交流电路中，如果用电感线圈作负载，且线圈的电阻可以忽略不计时，这个电路就称为纯电感电路，如图 3-1-6 所示。

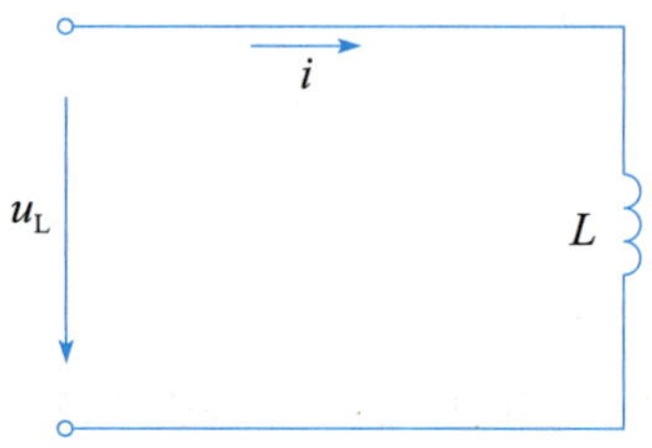

图 3-1-6　纯电感电路

2. 电流与电压的数量关系

电感线圈对电流的阻碍作用称为电感线圈的感抗。单位是欧姆（Ω）。

$$X_L=\omega L=2\pi fL \tag{3-9}$$

电感线圈有“通直流、阻交流”或“通低频、阻高频”的特性。

电流与电压的数量关系为：

$$I=\frac{U_L}{X_L} \tag{3-10}$$

3. 电流与电压的相位关系

在纯电感电路中，电流与电压是同频率的正弦量，电压超前电流 90°，或者说电流滞后电压 90°。若电感线圈中通过的电流为 $i=\sqrt{2}I\sin\omega t$，则 $u_L=\sqrt{2}U_L\sin\left(\omega t+\frac{\pi}{2}\right)$。波形图和向量图如图 3-1-7 所示。

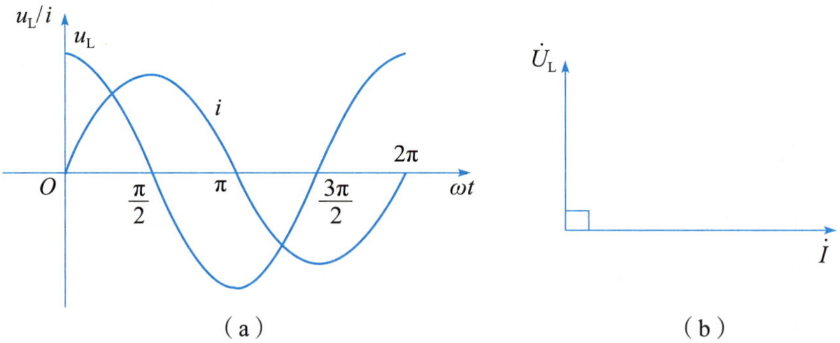

图 3-1-7　波形图和向量图

4. 无功功率

无功功率是非耗能元件之间进行能量交换的最大值，用符号 Q 表示，单位是乏（var）或千乏（kvar）。计算公式为：

$$Q_L = U_L I = I^2 X_L = \frac{U_L^2}{X_L} \tag{3-11}$$

无功含义是交换，而不是消耗，更不能把无功误解为无用。例如具有电感的变压器、电动机等，都是靠电磁转换来工作的，如果没有无功功率，这些设备是不能工作的。在纯电感电路中，电感把电能转换为磁能，本身不消耗电能，其有功功率（平均功率）为零。

四、纯电容电路

1. 概念

在交流电路中，如果只用电容器作负载，且可以忽略介质的损耗时，这个电路就称为纯电容电路，如图 3-1-8 所示。

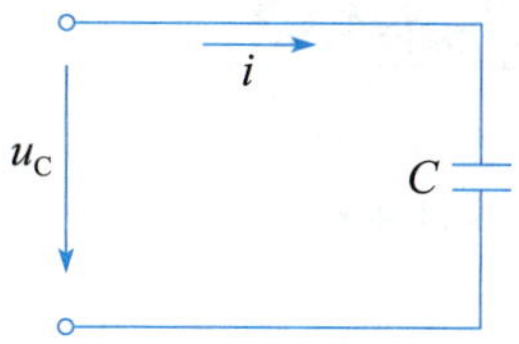

图 3-1-8　纯电容电路

2. 电流与电压的数量关系

在交流电路中，电容对交流电的阻碍作用称为容抗。单位是欧姆（Ω）。

$$X_C = \frac{1}{\omega C} = \frac{1}{2\pi f C} \tag{3-12}$$

电容器有“通交流、隔直流”和“通高频、阻低频”的特性。

电流与电压的数量关系为：

$$I = \frac{U_C}{X_C} \tag{3-13}$$

3. 电流与电压的相位关系

在纯电容电路中，电流与电压是同频率的正弦量，电流超前电压 90°，或者说电压滞后电流 90°。若电容两端的电压为 $u_C = \sqrt{2} U_C \sin\omega t$，则 $i = \sqrt{2} I \sin\left(\omega t + \frac{\pi}{2}\right)$。波形图和向量图如图 3-1-9 所示。

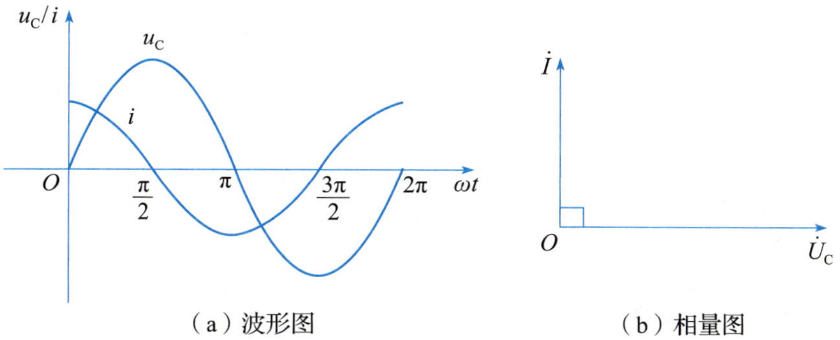

图 3-1-9　波形图和向量图

4. 无功功率

无功功率是非耗能元件之间进行能量交换的最大值，用符号 Q 表示，单位是乏（var）或千乏（kvar）。计算公式为：

$$Q_C = U_C I = I^2 X_C = \frac{U_C^2}{X_C} \tag{3-14}$$

在纯电容电路中，电容器也是时而“吞进”功率，时而“吐出”功率，不消耗电能，其有功功率（平均功率）为零。

3-3 RLC 串联交流电路

五、RLC 串联电路

1. 概念

R、L、C 三种元件组成的串联电路如图 3-1-10 所示。

若电路中流过的正弦电流为：$i = \sqrt{2} I \sin\omega t$

则各元件上对应的电压有效值为：

$$U_R = I_R，\quad U_L = IX_L，\quad U_C = IX_C$$

总电压的有效值矢量应为各段电压有效值矢量之和：

$$U = U_R + U_L + U_C$$

U_R 与电流 I 同相，U_L 超前电流 I 90°，U_C 滞后电流 I 90°，电压、电流的矢量图如图 3-1-11 所示。

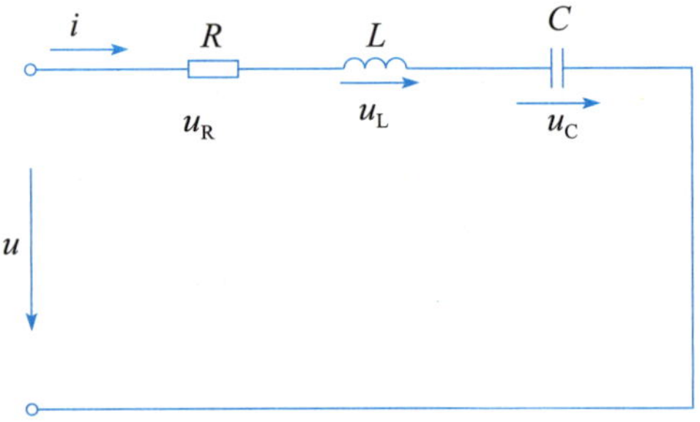

图 3-1-10 RLC 串联电路

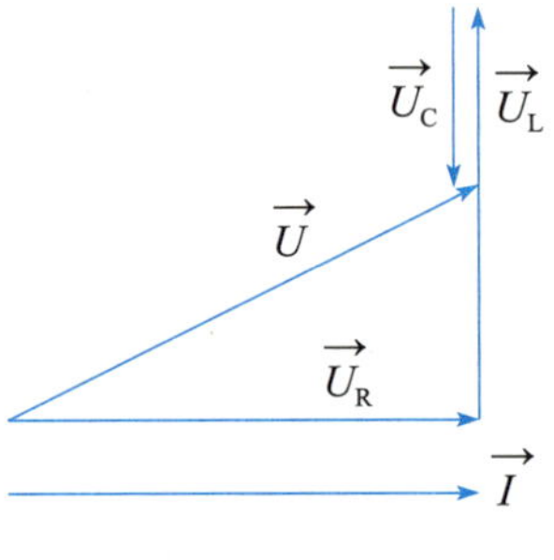

图 3-1-11 电压、电流的矢量图

从矢量图可得总电压有效值为：

$$\sqrt{U_R^2 + (U_L - U_C)^2} = I\sqrt{R^2 + (X_L - X_C)^2} = IZ$$

得到：$Z = \sqrt{R^2 + (X_L + X_C)^2} = \sqrt{R^2 + X^2}$ (3-15)

Z 称为电路的阻抗，X 称为电路的电抗。阻抗和电抗的单位都是 Ω。电路中总电压和电流的相位差为：

$$\varphi=\arctan\frac{U_L-U_C}{U_R}=\arctan\frac{X_L-X_C}{R} \tag{3-16}$$

从式 3－16 可以得到：

当 $X_L>X_C$ 时，$\varphi>0$，总电压超前于电流，电路属感性电路。

当 $X_L<X_C$ 时，$\varphi<0$，总电压滞后于电流，电路属容性电路。

当 $X_L=X_C$ 时，$\varphi=0$，总电压和电流同相位，电路属阻性电路，这种现象称为谐振。

2. RLC 串联谐振

（1）谐振条件和谐振频率。

在 R、L、C 串联电路中，当 $X_L=X_C$ 时，电路中总电压和电流同相位，这时电路中产生谐振现象，所以，$X_L=X_C$ 便是电路产生谐振的条件。而 $X_L=2\pi fL$，$X_C=\dfrac{1}{2\pi fC}$，所以：

$$2\pi f_0L=\frac{1}{2\pi f_0C} \tag{3-17}$$

（2）串联谐振时的电路特点。

1）总电压和电流同相位，电路呈电阻性。

2）串联谐振时电路阻抗最小，电路中电流最大。串联谐振时的电路阻抗为：

$$z_0=\sqrt{R^2+(X_L-X_C)^2}=R \tag{3-18}$$

串联谐振时的电流为：

$$I_0=\frac{U}{Z_0}=\frac{U}{R} \tag{3-19}$$

（3）品质因数：串联谐振时，电感两端电压、电容两端电压可以比总电压大许多倍。电感电压为：

$$U_L=IX_L=\frac{X_L}{R}U=QU \tag{3-20}$$

电容电压为：$U_C=IX_C=\dfrac{X_C}{R}U=QU$　　(3－21)

可见，谐振时电感（或电容）两端的电压是总电压的 Q 倍，Q 称为电路的品质因数。

$$Q=\frac{X_L}{R}=\frac{X_C}{R}=\frac{\omega_0L}{R}=\frac{1}{\omega_0CR} \tag{3-22}$$

在电子电路中经常用到串联谐振，例如某些收音机的接收回路。在电力线路中应尽量防止谐振发生，因为谐振时电容、电感两端出现的高压会使电器损坏。

任务实施

一、任务导入

荧光灯是人们常用的电器，由荧光灯管、镇流器、辉光启动器及开关组成，荧光灯电路如图 3－1－12 所示。

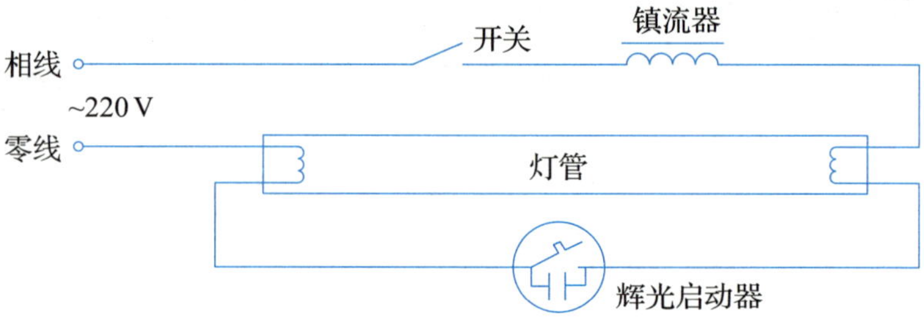

图 3－1－12 荧光灯电路

工作原理如下：

在开关接通的瞬间，线路上的电压全部加在辉光启动器的两端，迫使辉光启动器辉光放电。辉光放电所产生的热量使辉光启动器中的双金属片变形，并与静触片接触，使电路接通，电流流过镇流器与灯丝，灯丝经加热后发射电子。辉光启动器的双金属片与静触片接触后，辉光启动器停止放电，充有氖气的玻璃泡温度下降，双金属片因温度下降而恢复原来的断开状态。在辉光启动器断开的瞬间，镇流器两端产生一个自感电动势，这个自感电动势与线路所加的交流电源的电压叠加，形成一个高压脉冲，使荧光灯灯管内的氩气电离放电。放电后，管内温度升高，从而使管内的汞蒸气压力升高，在电子撞击下开始放电，这样，管内就由氩气放电过渡到汞蒸气放电。放电时辐射出的紫外线激励管壁上的荧光粉，发出像日光一样的光线。在管壁上涂不同的荧光粉，就可以得到不同颜色的光线。

3－4 荧光灯电路

二、工作过程

1. 荧光灯电路的安装与调试

（1）检查各个元器件的好坏。

（2）按图 3－1－12 所示连接电路。

（3）闭合开关，观察灯的点亮过程。

（4）如果灯不亮，检查原因并排除故障。

2. 荧光灯电路功率因数的提高

荧光灯电路在正常工作时，若只考虑电路中各元件的主要工作性能且忽略能量损耗，则开关相当于短路线，镇流器相当于电感元件 L，灯管相当于电阻元件 R，正常工作时辉光启动器处于断开状态，是断路。这样，便可以得到荧光灯电路的电路模型，如图 3－1－13 所示。

通过分析荧光灯电路的工作情况，可知荧光灯电路是一个感性电路，它的功率因数一般比较低，因此必须设法提高整个电路的功率因数。

提高功率因数的意义：电力系统中的大多数负载是感性负载（如电动机、变压器等），这些负载的功率因数较低，由此导致的后果是电源设备的容量不能充分利用，且会在线路上引起较大的电压降和功率损失。

提高功率因数的方法有提高用电设备自身功率因数和并联补偿。

并联补偿：针对电力系统中大多数负载为感性负载的特点，人们采取在负载两端并联电容器的方法来提高功率因数，称为并联补偿。感性负载并联电容器的电路如图 3－1－14 所示。荧光灯电路可近似地看作 RL 串联电路，并联电容器前的电路功率因数较低，一般为 0.5 左右，并联适当的电容器后，功率因数大大提高，可达到 0.9 左右。

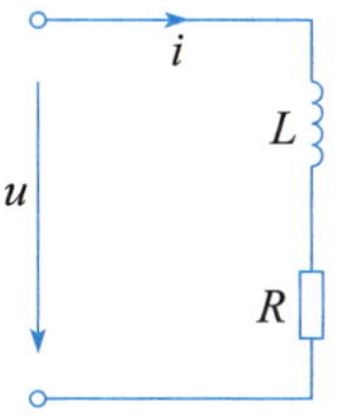

图 3－1－13　荧光灯电路的电路模型

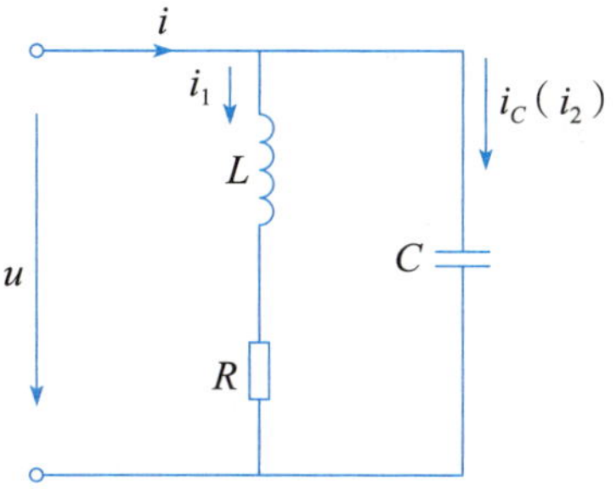

图 3－1－14　并联电容补偿

三、小组讨论

（1）生活中常用的家用电器，哪些属于容性负载？哪些属于感性负载？

（2）荧光灯电路如果没有辉光启动器可以正常工作吗？为什么？

四、考核评价

首先由学生根据操作任务的完成情况进行自评，然后同一小组内的同学进行互评，最后由授课教师进行综合评价。考核评价表见表 3－1－1。

表 3-1-1 考核评价表

任务内容	评分标准	配分	自评	互评	综合评价
荧光灯电路的安装与调试	能按图连接荧光灯电路，并点亮荧光灯	30			
荧光灯电路功率因数的提高	会选择合适的电容，将电路的功率因数尽量提高	40			
职业素养与规范	着装规范（5 分） 准备工作充分（5 分） 遵守安全操作规程（10 分） 整理操作台（5 分） 不迟到早退（5 分）	30			
总分					
自评人：	小组成员：	日期：			
教师评价意见：					

任务二　三相正弦交流电路的分析与调试

三相交流电比单相交流电更具优势，例如在发电机体积相同的情况下，三相发电机的输出功率比单相发电机大；在输送功率相等、电压相同、输电距离和线路损耗相同的情况下，三相输电比单相输电节省输电线材料，输电成本低；与单相电动机相比，三相电动机具有结构简单、价格低廉、性能良好、维护使用方便等优点。三相交流电机所具有的诸多优点，使其在各行各业中都有广泛的应用。

知识链接

一、三相交流电

1. 概念

三相交流电路就是由 3 个频率相同、最大值相等、相位上互差 120°电角的正弦电动势组成的电路。这样的 3 个电动势称为三相对称电动势。

2. 三相交流电动势的产生

如图 3-2-1 所示，在三相交流发电机中，定子上嵌有 3 个具有相同匝数和尺寸的绕组 AX、BY、CZ。其中 A、B、C 分别为 3 个绕组的首端，X、Y、Z 分别为绕组的末端。绕组在空间的位置彼此相差 120°（两极电机）。当转子磁场在空间按正弦规律分布、转子恒速旋转时，三相绕组中将感应出三相正弦电动势 e_A、e_B、e_C，分别称作 A 相电动势、B 相电动势和 C 相电动势。它们的频率相同、振幅相等，相位上互差 120°电角。规定三相电动势的正方向是从绕组的末端指向首端。

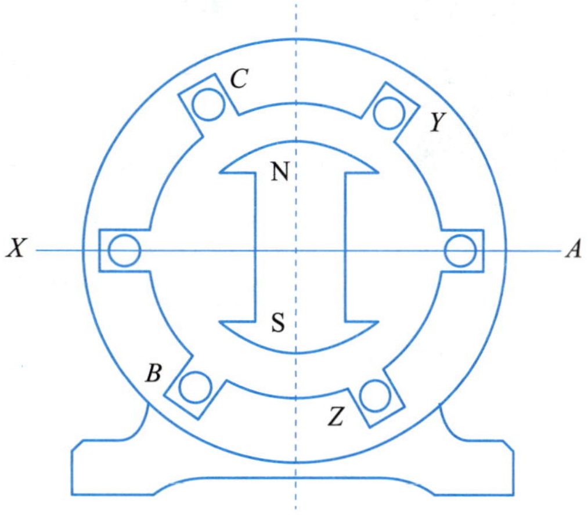

图 3-2-1　三相交流发电机原理

三相电动势的瞬时值为：

$$e_A = E_m \sin\omega t$$
$$e_B = E_m \sin(\omega t - 120°) \qquad (3-23)$$

$$e_C = E_m \sin(\omega t + 120^\circ)$$

波形图和矢量图如图 3－2－2 所示。任一瞬时，三相对称电动势之和为零，即

$$e_A + e_B + e_C = 0 \tag{3-24}$$

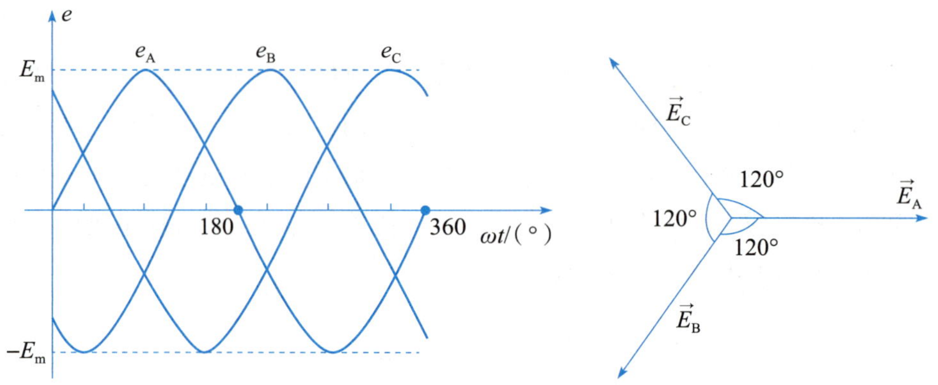

（a）波形图　　（b）矢量图

图 3－2－2　波形图和矢量图

二、三相交流电源的连接

1. 概念

三相发电机的 3 个绕组的连接方式有两种：一种是星形（Y）联结，另一种是三角形（△）联结。

3－5　三相交流电路电源

2. 星形（Y）联结

若将电源的 3 个绕组末端 X、Y、Z 连在一点 O，而将 3 个首端作为输出端，如图 3－2－3 所示，则这种连接方式称为星形联结。在星形联结中，末端的连接点称作中点，中点的引出线称为中线（或零线），3 个绕组首端的引出线称作端线或相线（俗称火线）。这种从电源引出 4 根线的供电方式称为三相四线制。

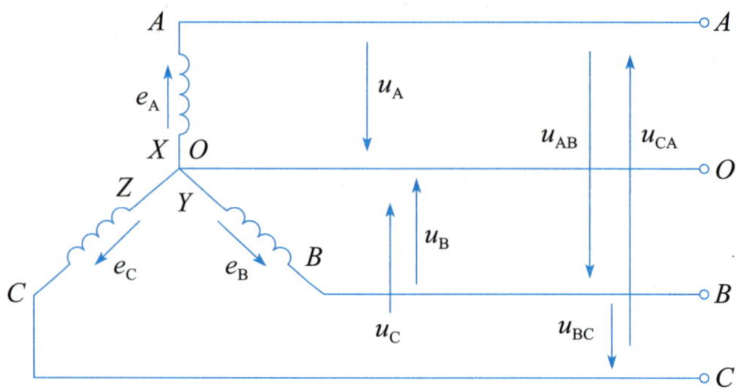

图 3－2－3　三相电源的星形联结

由接线图可得出线电压和相电压的关系，其对应的矢量式为：

$$U_{AB}=2U_A\cos30°=\sqrt{3}U_A$$

$$U_{BC}=\sqrt{3}U_B$$

$$U_{CA}=\sqrt{3}U_C$$

即 $$U_{线}=\sqrt{3}U_{相} \quad (3-25)$$

在式 3-25 中，$U_{线}$为三相对称电源线电压，$U_{相}$为三相对称电源相电压。

由图 3-2-2（b）所示的矢量图还可得出，3 个线电压在相位上互差 120°，故线电压也是对称的。

星形联结的三相电源，有时只引出 3 根端线，不引出中线。这种供电方式称作三相三线制。它只能提供线电压，主要用于高压输电。

3. 三角形（△）联结

除了星形联结以外，电源的 3 个绕组还可以进行三角形联结。将一相绕组的首端与另一相绕组的末端依次连接，再从 3 个接点处分别引出端线，如图 3-2-4 所示。按这种接法，在三相绕组闭合回路中，有 $e_A+e_B+e_C=0$，所以回路中无环路电流。若有一相绕组首末端接错，则将在三相绕组中产生很大的环流，导致发电机烧毁。发电机绕组很少采用三角形联结，但作为三相电源用的三相变压器绕组，星形联结和三角形联结都会用到。

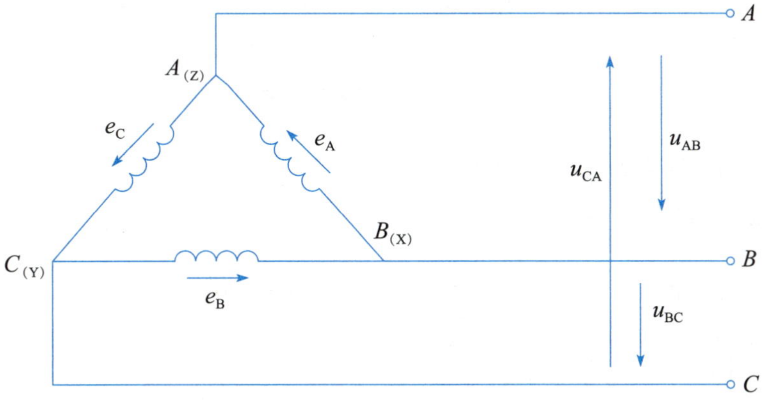

图 3-2-4 三相电源的三角形联结

三、三相负载的连接

3-6 三相负载的连接

1. 概念

根据对供电电源的要求，可将用电器分为单相负载和三相负载。工作时只需单相电源供电的用电器称为单相负载，如照明灯、电视机、小功率电热器、电冰箱。需要三相电源供电才能正常工作的电器称为三相负载，如三相异步电动机。若每相负载的电阻相等、电抗相等、性质相同，则称为三相对称负载，即 $R_A=R_B=R_C$，$Z_A=Z_B=Z_C$，$X_A=X_B=X_C$。否则称为三相不对称负载。三相负载的联结方式有两种：星形联结和三角形联结。

2. 三相负载的星形联结

三相负载的星形联结如图 3-2-5 所示，每相负载的末端 x、y、z 接在一点 O'，并与电源中线相连；负载的另外 3 个端点 a、b、c 分别和 3 根相线 A、B、C 相连。在星形联结的三相四线制中，我们把每相负载中的电流叫相电流，每根相线（火线）上的电流叫线电流。从图 3-2-5 中可以看出，三相负载星形联结时的特点是各相负载承受的电压为对称电源的相电压；线电流等于负载的相电流。

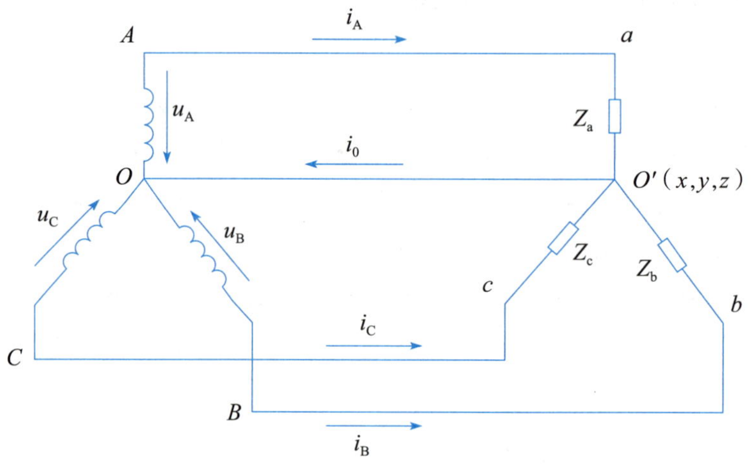

图 3-2-5 三相负载的星形联结

（1）三相不对称负载的星形联结。

已知三相负载如下：

$$Z_a=\sqrt{R_a^2+X_a^2},\quad Z_b=\sqrt{R_b^2+X_b^2},\quad Z_c=\sqrt{R_c^2+X_c^2} \tag{3-26}$$

则每相负载中的电流有效值为：

$$\begin{cases} I_a=\dfrac{U_a}{Z_a}=\dfrac{U_{相}}{Z_a}=\dfrac{U_{线}}{\sqrt{3}Z_a} \\ I_b=\dfrac{U_b}{Z_b}=\dfrac{U_{相}}{Z_b}=\dfrac{U_{线}}{\sqrt{3}Z_b} \\ I_c=\dfrac{U_c}{Z_c}=\dfrac{U_{相}}{Z_c}=\dfrac{U_{线}}{\sqrt{3}Z_c} \end{cases} \tag{3-27}$$

中线电流的有效值应从三相电流的矢量和求得，即 $I_o=I_a+I_b+I_c$。

（2）三相对称负载的星形联结。

三相对称负载各相负载性质相同。将三相对称负载在三相对称电源上进行星形联结时，3个相电流对称，中线电流为零，在这种情况下，中线存在与否对系统工作没有影响。即

$$I_a=I_b=I_c=\frac{U_m}{Z}=\frac{U_{线}}{\sqrt{3}Z} \tag{3-28}$$

【例3-3】 三相四线制电路如图3-2-6所示，对称三相负载接成星形，负载阻抗 $Z=22\Omega$，$\varphi_Z=0°$，已知电源线电压为380V，试求每相负载的相电压、相电流、线电流，以及中线流经的电流。

解： 每相负载的相电压为：

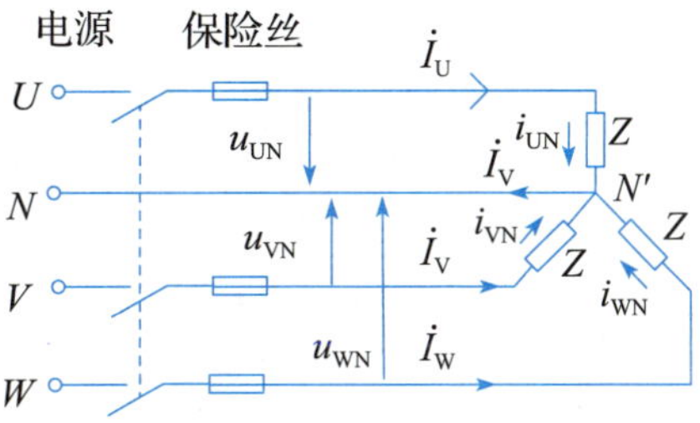

图3-2-6　三相四线制电路

$$\because U_L=380\text{V}\quad \therefore U_P=\frac{U_L}{\sqrt{3}}=\frac{380}{\sqrt{3}}=220\text{V}$$

设 $\dot{U}_U=220\angle 0°\text{ V}$，则 $\dot{U}_V=220\angle -120°\text{ V}$，$\dot{U}_W=220\angle 120°\text{V}$

每相负载的相电流为：

$$\dot{I}_U=\frac{\dot{U}_U}{Z}=\frac{220\angle 0°}{22}=10\angle 0°\text{A}$$

$$\dot{I}_V=\frac{\dot{U}_V}{Z}=\frac{220\angle -120°}{22}=10\angle -120°\text{A}$$

$$\dot{I}_W=\frac{\dot{U}_W}{Z}=\frac{220\angle 120°}{22}=10\angle 120°\text{A}$$

每相负载的线电流相等，均为：$\dot{I}_L=\dot{I}_P$

中线流经的电流为：

$$\dot{I}_N=\dot{I}_U+\dot{I}_V+\dot{I}_W=\dot{I}_U+\dot{I}_U\angle -120°+\dot{I}_U\angle 120°=0$$

3. 三相负载的三角形联结

三相对称负载也可以采用图3-2-7所示的三角形联结。这时，加在每相负载上的电压是对称电源的线电压。

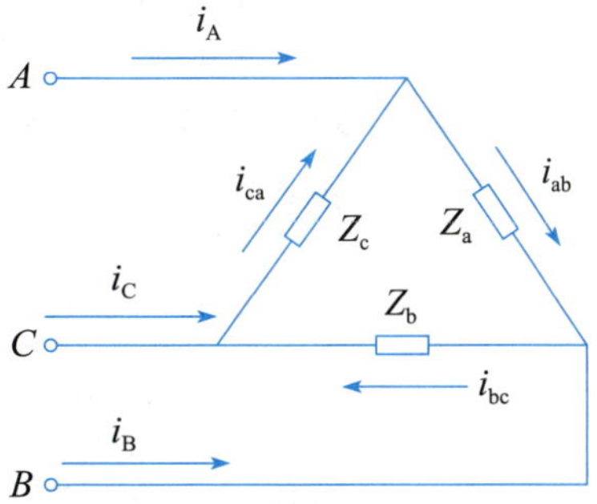

图3-2-7　三相对称负载的三角形联结

因为各相负载对称，故各相电流也对称，相电流为：

$$I_{ab}=I_{bc}=I_{ca}=\frac{U_{线}}{Z} \tag{3-29}$$

每相电压、电流的相位差为：

$$\varphi_a=\varphi_b=\varphi_c=\arctan\frac{X}{R} \tag{3-30}$$

任一端线上的线电流，按基尔霍夫电流定律写出的矢量式为：

$$I_A=I_{ab}-I_{ca}，\quad I_B=I_{bc}-I_{ab}，\quad I_C=I_{ca}-I_{bc}$$

线电流、相电流的矢量图如图 3-2-8 所示。

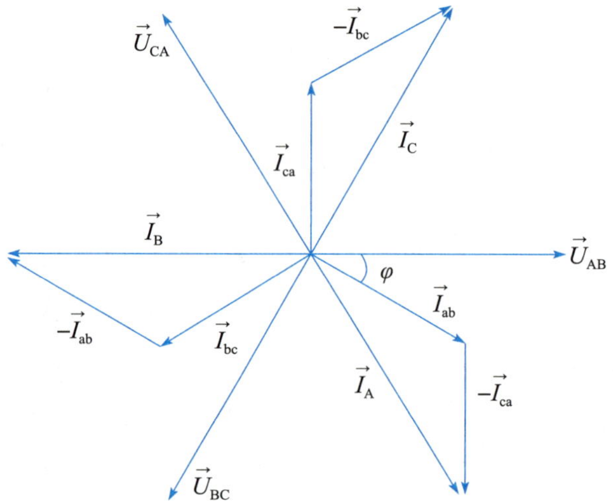

图 3-2-8　三相对称负载矢量图

从矢量图得：

$$I_{线}=I_{\triangle 相} \tag{3-31}$$

四、三相交流电路的功率

1. 三相电路的有功功率（平均功率）

无论负载是星形联结还是三角形联结，三相电路中的有功功率均等于各相有功功率之和，即

$$P=P_U+P_V+P_W=U_UI_U\cos\varphi_U+U_VI_V\cos\varphi_V+U_WI_W\cos\varphi_W \tag{3-32}$$

其中，各相电压、电流分别为三相相电压、相电流，φ 是相电压 U_P 与相电流 I_P 的相位差，在对称三相电路中：

$$P=3P_{P}=3U_{P}I_{P}\cos\varphi \tag{3-33}$$

在三相电路中，因为测量线电压和线电流比较方便，所以功率公式常用线电压、线电流表示。

当对称负载采用星形联结时：

$$U_{L}=\sqrt{3}U_{P} \quad I_{L}=I_{P} \tag{3-34}$$

当对称负载采用三角形联结时：

$$U_{L}=U_{P} \quad I_{L}=\sqrt{3}I_{P} \tag{3-35}$$

三相对称负载采用任何一种接法时的功率表达式为：

$$P=\sqrt{3}U_{L}I_{L}\cos\varphi \tag{3-36}$$

2. 三相电路的无功功率

与三相有功功率类似，三相负载的无功功率为：

$$Q=Q_{U}+Q_{V}+Q_{W}=U_{U}I_{U}\sin\varphi_{U}+U_{V}I_{V}\sin\varphi_{V}+U_{W}I_{W}\sin\varphi_{W} \tag{3-37}$$

在对称三相电路中，三相无功功率为：

$$Q=3Q_{P}=3U_{P}I_{P}\sin\varphi=\sqrt{3}U_{L}I_{L}\sin\varphi \tag{3-38}$$

3. 三相电路的视在功率

$$S=\sqrt{P^{2}+Q^{2}} \tag{3-39}$$

一般情况下，三相负载的视在功率不等于各相视在功率之和，只有当负载对称时，三相视在功率才等于各相视在功率之和，对称三相负载的视在功率为：

$$S=3U_{P}I_{P}=\sqrt{3}U_{L}I_{L} \tag{3-40}$$

4. 三相电路的功率因数

三相电路的功率因数为：

$$\lambda=\frac{P}{S} \tag{3-41}$$

若负载对称，则

$$\lambda=\frac{\sqrt{3}U_{l}I_{l}\cos\varphi_{P}}{\sqrt{3}U_{l}I_{l}}=\cos\varphi_{P} \tag{3-42}$$

即负载对称时，三相负载的功率因数与每一相负载的功率因数相等。

【例 3-4】 有一台三相电动机，每相绕组的阻抗均为 $Z=50\Omega$，$\varphi_Z=36.87°$。试求电动机在以下两种情况下从电源输入的功率，并比较结果：(1) 负载接成星形，且接在 380V 的电源上；(2) 负载接成三角形，且接在 220V 的电源上。

解：每相阻抗 $Z=50\angle 36.87°$。

(1) 负载采用星形联结。

相电压为： $U_P=\dfrac{U_L}{\sqrt{3}}=\dfrac{380}{\sqrt{3}}=220(\text{V})$

相电流为： $I_P=\dfrac{U_P}{|Z|}=\dfrac{220}{50}=4.4(\text{A})$

线电流为： $I_L=I_P=4.4(\text{A})$

电源的输入功率为：

$$P=\sqrt{3}U_L I_L\cos\varphi=\sqrt{3}\times 380\times 4.4\times\cos 36.87°=1.732\times 380\times 4.4\times 0.8=2\,317(\text{W})$$

(2) 负载采用三角形联结。

相电压为： $U_P=U_L=220(\text{V})$

相电流为： $I_P=\dfrac{U_P}{|Z|}=\dfrac{220}{50}=4.4(\text{A})$

线电流为： $I_L=\sqrt{3}I_P=7.62(\text{A})$

电源的输入功率为：

$$P=\sqrt{3}U_L I_L\cos\varphi=\sqrt{3}\times 220\times 7.62\times\cos 36.87°=1.732\times 220\times 7.62\times 0.8=2\,317(\text{W})$$

任务实施

一、任务导入

星形联结是三相负载联结的重要形式，广泛应用于工业生产中。掌握三相负载的星形联结方法，理解线电流与相电流的关系，对于学好三相正弦交流电路具有重要意义。

二、工作过程

完成三相负载的星形联结

(1) 准备工作：三相交流电源（380V），9 个白炽灯，1 块交流电压表，1 块交流电流表，1 个刀开关，导线若干。

（2）操作任务：3 个白炽灯为一组，灯与灯之间均为并联，3 组白炽灯做星形联结，接为三相四线制电路。电路接好后用电压表测量线电压与相电压，用电流表测量线电流，并把测量值填入表 3－2－1 中。

表 3－2－1　三相负载的星形联结测量数据

被测对象	线电压（V）			相电压（V）			线电流（A）		
	U_{UV}	U_{VW}	U_{WU}	U_U	U_V	U_W	I_U	I_V	I_W
负载对称									
负载不对称									

三、小组讨论

（1）三相电源采用星形联结时，若其中一相绕组首尾端接反，会有什么后果？

（2）中线的作用是什么？如果去掉中线会有什么后果？

（3）中线上可以加装开关吗？

四、考核评价

首先由学生根据操作任务的完成情况进行自评，然后同一小组内的同学进行互评，最后由授课教师进行综合评价。考核评价表见表 3－2－2。

表 3－2－2　考核评价表

任务内容	评分标准	配分	自评	互评	综合评价
识读电路图	会分析三相负载星形联结电路	30			
使用测量仪表	会使用仪表测量电路中的各项参数	40			
职业素养与规范	着装规范（5 分） 准备工作充分（5 分） 遵守安全操作规程（10 分） 整理操作台（5 分） 不迟到早退（5 分）	30			
总分					
自评人：	小组成员：	日期：			
教师评价意见：					

项目小结

（1）凡大小和方向随时间做周期性变化的电流、电压和电动势称为交流电流、交流电压和交流电动势，统称交流电。交流电分为正弦交流电和非正弦交流电两种，正弦交流电指随时间按正弦规律变化的交流电。

（2）表征正弦交流电的物理量有周期、频率、角频率、瞬时值、最大值、有效值、相位、初相位和相位差等。

（3）交流电的三要素：有效值（或最大值）、频率（或周期、角频率）和初相。

（4）正弦交流电的表示方法：解析法、波形图表示法和相量图表示法。

（5）有功功率又称为平均功率，用字母 P 表示。瞬时功率在一个周期内的平均值称为平均功率，单位为瓦特（W）。

（6）无功功率是非耗能元件之间进行能量交换的最大值，用符号 Q 表示，单位是乏（var）或千乏（kvar）。无功的含义是交换，而不是消耗，不能把无功误解为无用。

（7）R、L、C 三种元件组成的串联电路叫作 RLC 串联电路。

（8）Z 称为电路的阻抗，X 称为电路的电抗。阻抗和电抗的单位都是欧姆（Ω）。

（9）在 RLC 串联电路中，当 $X_L = X_C$ 时，电路中总电压和电流同相位，这时电路中产生谐振现象，叫作 RLC 串联谐振。

（10）三相交流电路就是由 3 个频率相同、最大值相等、相位上互差 120°电角的正弦电动势组成的电路。

（11）三相交流电源的连接方式有两种：一种是星形（Y）联结，另一种是三角形（△）联结。

（12）根据对供电电源的要求，可将用电器分为单相负载和三相负载。工作时只需单相电源供电的用电器称为单相负载，需要三相电源供电才能正常工作的用电器称为三相负载。三相负载的联结方式有两种：一种是星形（Y）联结，另一种是三角形（△）联结。

（13）三相四线制：在低压配电网中，输电线路一般采用三相四线制，其中三条线路分别代表 U、V、W 三相，另一条是中性线 N。在三相四线制电路中，相线和相线之间的电压叫作线电压，是 380V；相线和零线之间的电压叫作相电压，是 220V。

练习题

一、单选题

1. 电容元件储存的是（　　）。

A. 电场能　　B. 磁场能　　C. 光能　　D. 太阳能

2. 电感元件储存的是（　　）。

A. 电场能　　B. 磁场能　　C. 光能　　D. 太阳能

3. 下列选项中，对电感描述不正确的是（　　）。

A. 电感储存的是磁场能

B. 通直流，阻交流

C. 通低频，阻高频

D. 电感元件线圈中必须通过铁芯，没有铁芯无法进行能量转换，电感无法正常工作

4. 对称三相电源具有幅值相等、频率相同、相位互差（　　）的特点。

A. 30°　　B. 60°　　C. 120°　　D. 180°

5. 相线与零线之间的电压称为（　　）电压。

A. 线　　B. 相　　C. 总　　D. 分

6. 负载的连接原则：应使加在每相负载上的电压等于其（　　）电压。

A. 最大　　B. 平均　　C. 额定　　D. 最小

7. 负载的连接方式分为：单相连接、三相（　　）形联结、三相（　　）形联结。

A. 星　　B. 三角　　C. 一字　　D. 随意

8. 每根线上相对于零线的电流（即相线上的电流）为（　　）。

A. 相电流　　B. 线电流　　C. 总电流　　D. 分电流

9. 无论负载采用星形联结还是三角形联结，三相电路中的有功功率均等于各相有功功率之（　　）。

A. 和　　B. 差　　C. 积　　D. 商

10. 负载对称时，三相负载的功率因数与每一相负载的功率因数（　　）。

A. 相等　　B. 不相等　　C. 没关系　　D. 三倍关系

11. 串联谐振呈现（　　）。

A. 感性　　B. 容性　　C. 阻性　　D. 感容性

12. 串联谐振电路中，总电压和总电流的相位（　　）。

A. 相同　　B. 相反　　C. 相差 60°　　D. 相差 90°

二、判断题

1. 电感元件的主体结构就是一组线圈。 （ ）

2. 电感元件和电容元件都是储能元件。 （ ）

3. 电感和电容理论上都不消耗能量，但工作时会进行能量转换，被转换的这部分能量对电能传输在整体上表现出阻碍作用。 （ ）

4. 电路中的激励源就是电源。 （ ）

5. 交流电是大小、方向都随时间变化的电信号。 （ ）

6. 幅值用于表示交流电变化的幅度。 （ ）

7. 周期用于表示交流电变化的快慢。 （ ）

8. 初相位用于表示交流电变化的起点。 （ ）

9. 正弦量变化一次的时间称为正弦量的周期，单位为秒（s）。 （ ）

10. 周期、频率、角频率都可以用于描述交流电变化的快慢。 （ ）

11. 相位差必须在同频率的两个正弦波的波形上进行比较。 （ ）

12. 由三根相线和一根中线构成的供电系统称为三相四线制。 （ ）

13. 三个大小相等，相位互差 120°的三相电源电压的矢量和为零。 （ ）

14. 通常，民用照明设备和家用电器使用 380V 电压。 （ ）

15. 三相四线制负载采用星形联结时，相电流等于线电流。 （ ）

16. 如果电源线的电压对称，负载的负阻抗相等，那么这就是对称三相电路。 （ ）

17. 一般情况下，三相负载的视在功率不等于各相视在功率之和。 （ ）

18. 当负载对称时，三相视在功率才等于各相视在功率之和。 （ ）

19. 谐振电路的电路阻抗最小。 （ ）

20. 在电力线路中，应该尽量避免谐振发生。 （ ）

项目四

变压器和电动机

知识目标

1. 认识磁场和磁场的基本物理量，掌握安培定则。
2. 了解磁场对电流的作用。
3. 掌握电磁感应定律。
4. 认识单相变压器。
5. 认识三相变压器。
6. 认识三相异步电动机。
7. 掌握三相异步电动机的控制方法。

技能目标

1. 会计算变压器的变比。
2. 能识别变压器的铭牌参数。
3. 会判定变压器的同名端。
4. 会使用电压互感器和电流互感器。
5. 会计算交流电的功率及功率因数。
6. 会拆装三相笼式异步电动机。

素养提升

了解变压器和电动机技术的发展现状和趋势，培养科学文化素质，能够将所学知识用于解决实际工程技术问题，为提升我国科技实力而奋斗。

任务一　变压器的认知

变压器是一种静止的电气设备，利用电磁感应原理把输入的交流电压升高或降低为同频率的交流输出电压，以满足高压送电、低压配电及其他用途的需要。变压器的作用是变换电压、变换电流和变换阻抗，还可以隔离高电压或电流。因此在电力传输、自动控制领域以及电子设备中得到广泛应用。

知识链接

一、磁场与电磁感应

1. 磁场

磁体周围磁力作用的空间称为磁场。在磁场中，小磁针静止时 N 极所指的方向就是磁场方向。

2. 电流的磁场

（1）通电直导体的磁场——安培定则（右手螺旋定则）。

用右手握住直导体，让伸直的大拇指所指的方向与电流方向一致，那么弯曲的四指所指的方向就是磁感线的环绕方向，如图 4－1－1 所示。

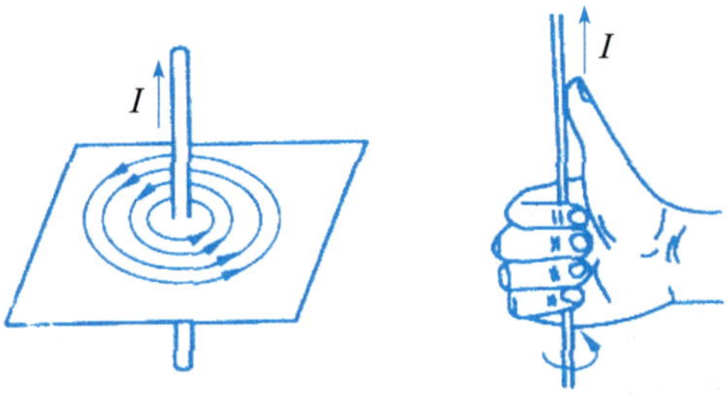

（a）直线电流的磁场　　（b）安培定则

图 4－1－1　通电直导体的磁场

（2）通电螺线管的磁场——安培定则（右手螺旋定则）。

用右手握住螺线管，让弯曲的四指所指的方向与电流方向一致，大拇指所指的方向就是螺线管内部磁感线的方向，也就是通电螺线管的 N 极，如图 4－1－2 所示。

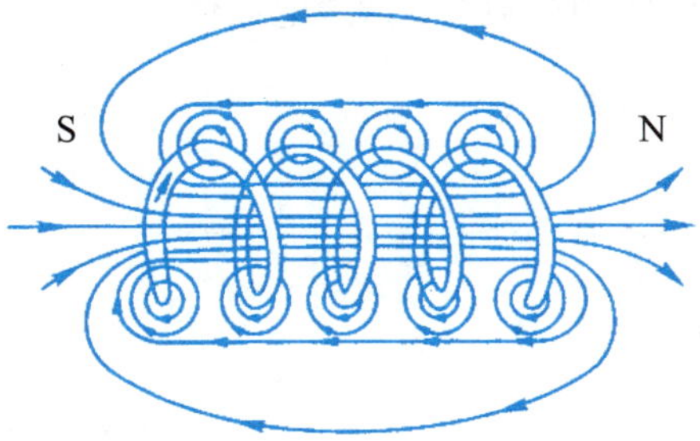

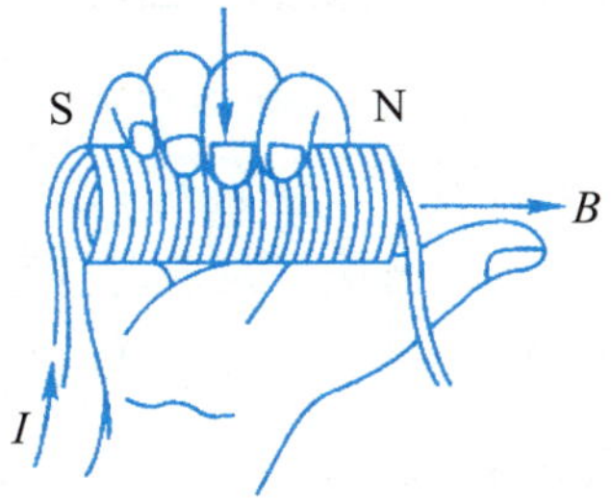

图 4-1-2 通电螺线管的磁场

3. 磁场的主要物理量

（1）磁通（Φ）。

通过与磁场方向垂直的某一面积上的磁感线的总数，称为通过该面积的磁通量，简称磁通，单位是韦伯（Wb）。

（2）磁感应强度（B）。

与磁场方向垂直的单位面积上的磁通，称为磁感应强度，单位是特斯拉（T），磁感线上某点的切线方向就是该点磁感应强度的方向。

$$B=\frac{\Phi}{S} \tag{4-1}$$

（3）均匀磁场。

若磁场中各点的磁感应强度的大小和方向都相同，则称该磁场为均匀磁场。

（4）磁导率（μ）。

磁导率是衡量物质导磁性能的物理量，单位是亨利/米（H/m）。真空中的磁导率 $\mu_0=4\pi\times10^{-7}$ H/m。

（5）磁场强度（H）。

磁场中某点的磁感应强度 B 与媒介质的磁导率 μ 的比值，称为该点的磁场强度，单位是安培/米（A/m）。

$$H=\frac{B}{\mu}=\frac{NI}{l} \tag{4-2}$$

磁场强度的数值只与电流的大小及导线的形状有关，与磁场媒介质的磁导率无关。

4. 磁场对电流的作用

（1）电磁力。

通电导体在磁场中所受的作用力称为电磁力。

$$F=BIl\sin\alpha \tag{4-3}$$

式 4－3 中，B 为磁感应强度，I 为通过导体的电流，l 为通电导体的长度，α 为导体与磁感线方向的夹角。

（2）左手定则。

将左手伸平，拇指与四指垂直且在同一平面内，让磁感线垂直穿过手心，四指指向电流方向，拇指所指的方向就是导体的受力方向。

5. 磁化与磁性材料

（1）磁化。

使原来没有磁性的物质具有磁性的过程称为磁化，凡是铁磁物质都能被磁化。磁化曲线如图 4－1－3 所示。

（2）磁滞。

铁磁材料在反复磁化的过程中，磁感应强度 B 的变化总是落后于磁场强度 H 的变化，这一现象称为磁滞。磁滞是由铁磁材料中磁分子的惯性和摩擦造成的。通过反复磁化得到的 B—H 关系曲线称为磁滞回线。铁芯在反复磁化的过程中，要不断克服磁畴惯性，因此会损耗一定的能量，称为磁滞损耗。磁滞回线如图 4－1－4 所示。

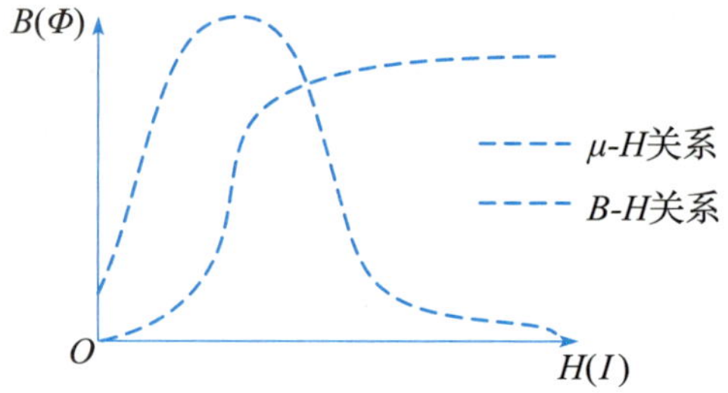

图 4－1－3　磁化曲线

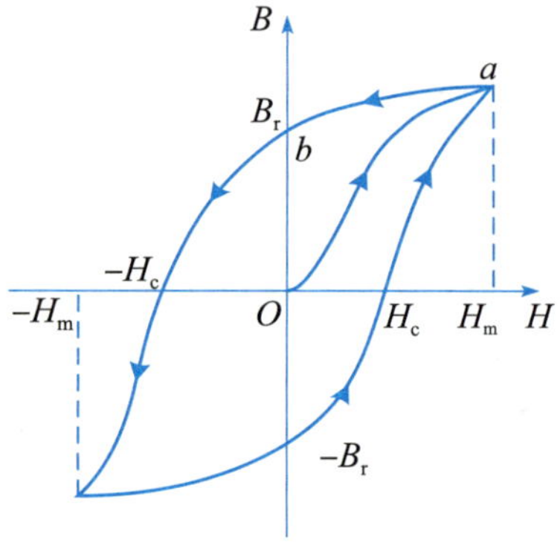

图 4－1－4　磁滞回线

（3）磁性材料的分类。

硬磁材料：不易磁化，不易退磁。如碳钢、钴钢等，适合制作永久磁铁、扬声器的磁钢。

软磁材料：容易磁化，容易退磁。如硅钢、铸钢、铁镍合金等，适合制作电机、变压器、继电器等设备的铁芯。

矩磁材料：很易磁化，很难退磁。锰镁铁氧体、锂锰铁氧体等，适合制作磁带、计算机的磁盘。

6. 电磁感应

（1）概念。

由于磁通变化而在导体或线圈中产生感应电动势的现象称为电磁感应。电磁感应产生的电动势称为感应电动势。感应电动势引起的电流称为感应电流。只有通过线圈回路的磁通发生变化时才会产生电磁感应现象。

（2）法拉第电磁感应定律。

线圈中感应电动势的大小与通过同一线圈的磁通变化率（即变化快慢）成正比，这一规律称为法拉第电磁感应定律。

感应电动势的公式如下：

$$e = Blv\sin\alpha \tag{4-4}$$

式 4-4 中，B 为磁感应强度，l 为通电导体的长度，v 为导线切割磁感线的速度，α 为速度方向与磁场方向的夹角。

（3）楞次定律。

感应电流产生的磁场总是阻碍原磁通的变化。也就是说，当线圈中的磁通增加时，感应电流就要产生与其方向相反的磁通去阻碍它的增加；当线圈中的磁通减少时，感应电流就要产生与其方向相同的磁通去阻碍它的减少。

判断感应电动势或感应电流方向的具体方法如下：

1）明确原磁通的方向及变化趋势（是增加还是减少）。

2）根据楞次定律确定感应电流产生磁通的方向。如果原有磁通的变化趋势是增加，则感应磁通与原有磁通方向相反；反之，如果原有磁通的变化趋势是减少，则感应磁通与原有磁通方向相同。

3）根据感应磁通的方向，应用安培定则（右手螺旋定则）判断出线圈中感应电动势或感应电流的方向。

（4）右手定则。

伸平右手，拇指与其余四指垂直，让磁感线穿过手心，拇指指向导体运动方向，则四指的方向便是感应电动势或感应电流的方向。

7. 自感与互感

（1）自感。

因流过线圈本身的电流发生变化而引起的电磁感应称为自感。

（2）互感。

因一个线圈的电流发生变化而在另一个线圈中产生电磁感应称为互感。

（3）涡流。

整块铁芯的周围绕有线圈，当线圈中通以交变电流时，就会产生交变磁场，处在该交变磁场中的铁芯就要产生自成回路的感应电流，这种感应电流形如水中的漩涡，故称为涡电流，简称涡流，如图 4-1-5 所示。

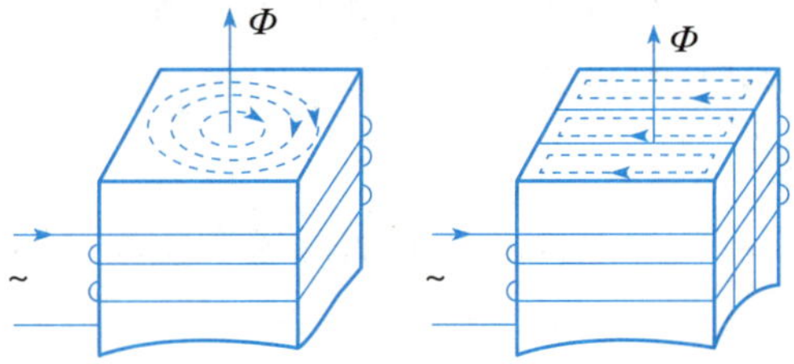

（a）整块铁芯中的涡流　（b）组合铁芯中的涡流

图 4-1-5　涡流

二、单相变压器

4-1　单相变压器

1. 概念

变压器是输送交流电时使用的通过磁路的耦合作用，实现电能传输及变电压、变电流功能的电气设备。单相变压器如图 4-1-6 所示。

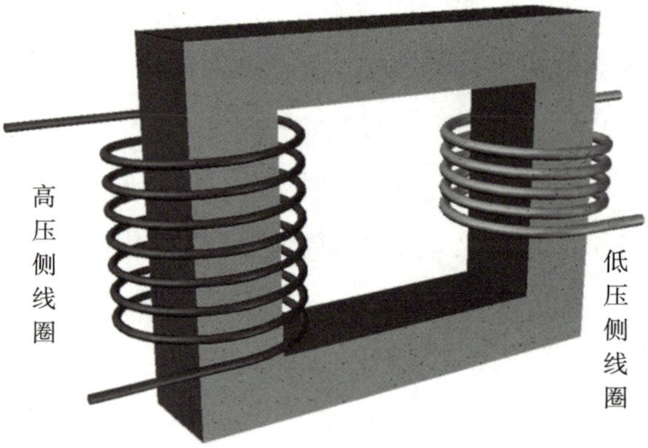

图 4-1-6　单相变压器

2. 作用

（1）变压器在电力系统中的主要作用是变换电压，以利于功率的传输。

（2）升高电压，可以减少线路损耗，提高送电经济性，达到远距离送电的目的。

（3）降低电压，把高电压变为用户需要的各级使用电压，满足用户需要。

3. 分类

变压器按相数可分为单相变压器和三相变压器；按冷却方式可分为干式变压器和油浸式变压器；按用途可分为电力变压器、仪用变压器、试验变压器和特种变压器。

特殊类型变压器有电压互感器、电流互感器、钳形电流表和交流电焊机。

4. 基本结构

变压器主要由线圈和铁芯构成，铁芯一般采用硅钢片层叠或卷绕制成。如图 4-1-7 所示为单相双绕组变压器的结构和图形符号。变压器中，和交流电源连接的一侧称为一次绕组或原边绕组，和负载连接的一侧称为二次绕组或副边绕组。如果一次绕组的匝数比二次绕组的多，则为降压变压器；反之，则为升压变压器。

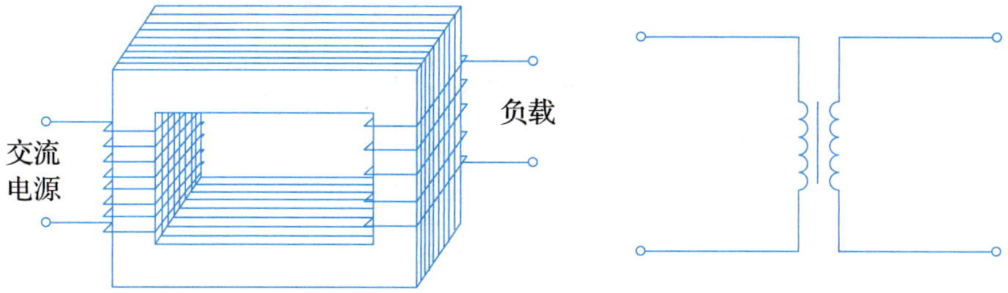

（a）结构　　（b）图形符号

图 4－1－7　单相双绕组变压器

5. 工作原理

（1）空载运行。

变压器空载运行时，也就是二次绕组端处于开路状态，如图 4－1－8 所示。

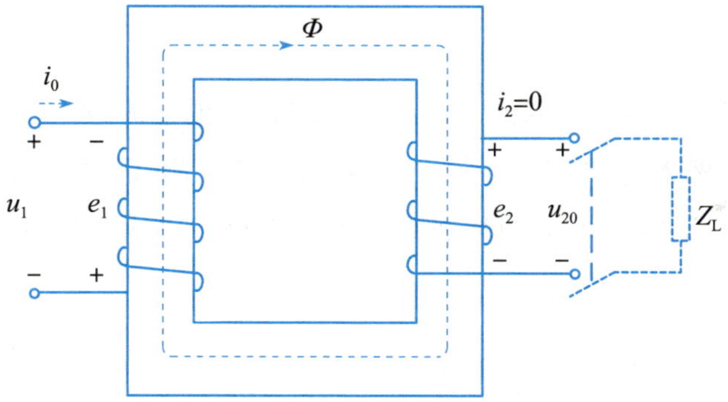

图 4－1－8　变压器空载运行

一次绕组接交流电，这样会在一次绕组上产生感应电动势 e_1，同时，在同一个磁通作用下，会在二次绕组上产生感应电动势 e_2，经过研究得出输入电压和输出电压满足关系：

$$\frac{U_1}{U_{20}} \approx \frac{E_1}{E_2} = \frac{N_1}{N_2} = K \tag{4-5}$$

其中，U_1 为输入电压有效值，U_{20} 为空载输出电压有效值；E_1、E_2 分别为一次侧和二次侧感应电动势有效值；N_1、N_2 分别为一次侧和二次侧绕组匝数；K 为变压器的变压比（简称变比），是变压器的一个重要参数。

由式 4－5 可知，变压器的变比取决于一、二次绕组的匝数。在输入电压一定时，输出电压的大小取决于变压器一、二次绕组的匝数，改变变比的大小也就是改变一、二次绕组的匝数关系，就可以实现变压。

（2）负载运行。

变压器负载运行时，二次侧接负载形成回路，在感应电动势 e_2 的作用下产生感应电流 i_2，如图 4-1-9 所示。

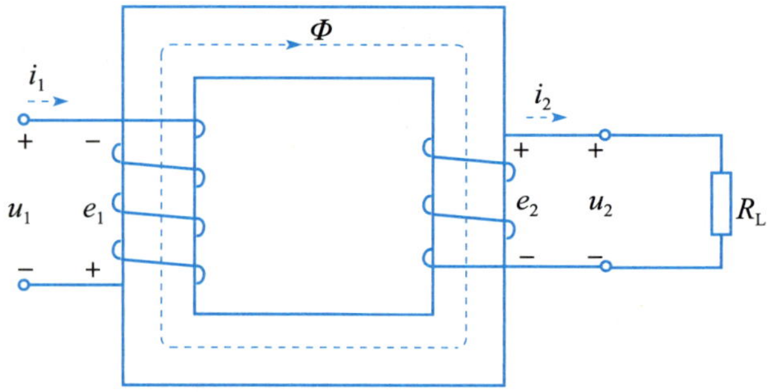

图 4-1-9　变压器负载运行

一次侧电流由 i_0 变为 i_1，接上负载后要多输出一部分功率，因此电流会变大。一、二次绕组的电流有效值满足关系：

$$\frac{I_1}{I_2}\approx\frac{N_2}{N_1}=\frac{1}{K} \tag{4-6}$$

从式 4-6 得出变压器能够实线变流，一、二次绕组的电流的比值和变比成反比。

变压器除了能改变电压和电流，还能改变阻抗，二次侧接入负载 Z_L，功率从一次侧传递到二次侧，那么按照等效原理，可以将二次侧的阻抗等效成一次侧接入负载的阻抗 Z_L'，如图 4-1-10 所示。

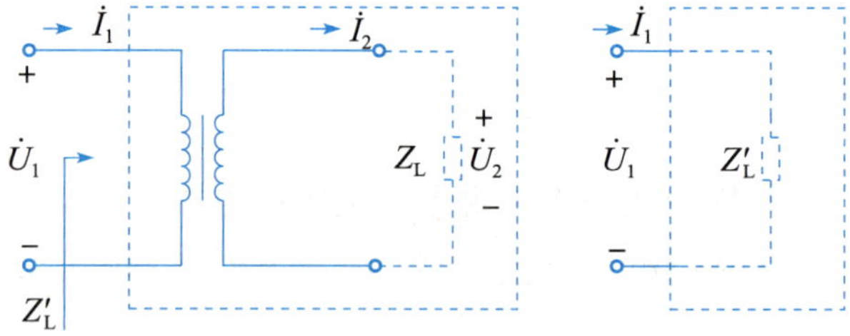

图 4-1-10　变压器变换阻抗

变换后的阻抗 Z_L' 和原负载阻抗 Z_L，满足关系：

$$|Z_L'|=K^2\cdot|Z_L| \tag{4-7}$$

【例 4-1】 有一单相变压器，当一次绕组接在 220V 的交流电源上时，测得二次绕组的端电压为 22V，若该变压器一次绕组的匝数为 2100 匝，求其变比和二次绕组的匝数。

解：$K=\dfrac{U_1}{U_2}=\dfrac{220}{22}=10$

$N_1/N_2=K=10$

$N_2=\dfrac{N_1}{K}=\dfrac{2\,100}{10}=210$ 匝

【例 4－2】 某晶体管收音机输出变压器的一次绕组匝数为 230 匝，二次绕组匝数为 80 匝，原来配有阻抗为 8Ω 的扬声器，现在要改接为 4Ω 的扬声器，问输出变压器二次绕组的匝数应如何变动（一次绕组匝数不变）？

解：设输出变压器二次绕组变动后的匝数为 N/2。

当 $R_L=8\Omega$ 时，$R_i=K^2R_L=\left(\dfrac{230}{80}\right)^2\times8\Omega=66.1\Omega$

当 $R_L'=4\Omega$ 时，$R_i'=K'^2R_L'=\left(\dfrac{230}{N_2'}\right)^2\times4\Omega$

由于 $R_i=R_i'$，得：

$$N_2'=\sqrt{\frac{230^2\times4}{66.1}}=56.6\approx57$$

6. 变压器的铭牌

变压器的铭牌如图 4－1－11 所示。

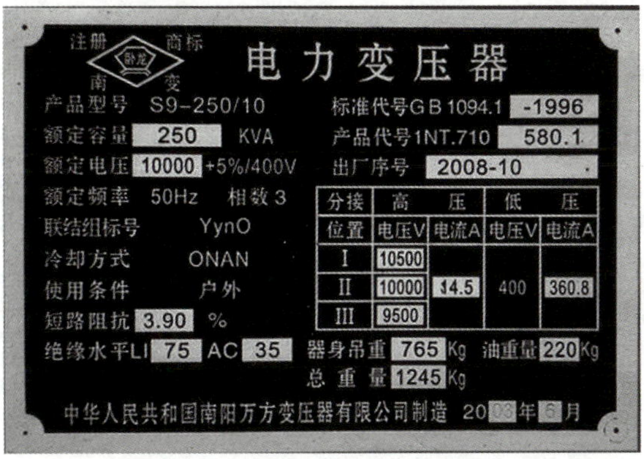

图 4－1－11 变压器的铭牌

（1）型号。

型号表明变压器的种类：S 表示三相变压器（D 表示单相变压器），9 表示产品序列，250 表示额定容量（kVA），10 表示原边电压（kV）。

（2）额定电压 U_{1N} 和 U_{2N}。

额定电压 U_{1N}：根据变压器的绝缘强度和允许发热条件规定的一次绕组的正常工作电压。

额定电压 U_{2N}：一次绕组加额定电压时，二次绕组的开路电压。

（3）额定电流 I_{1N} 和 I_{2N}。

根据变压器的允许发热条件规定的绕组长期允许通过的最大电流。

（4）额定容量 S_N。

变压器在额定工作状态下，二次绕组的视在功率。忽略损耗时，额定容量为

$$S_N=U_{1N}I_{1N}=U_{2N}I_{2N} \tag{4-8}$$

三、三相变压器

1. 原理及分类

三相变压器的初级绕组（高压绕组）可根据电网线电压和变压器各绕组额定电压的大小，接成星形（Y）或三角形（△），次级绕组（低压绕组）也可根据供电需要接成上述两种形式。各高压绕组的始端和末端分别用 U1、V1、W1 和 U2、V2、W2 表示。低压绕组的始端和末端分别用 u1、v1、w1 和 u2、v2、w2 表示。通过改变高、低压绕组的匝数比，可达到升高或降低三相电压的目的。三相变压器可分为由三个单相双绕组变压器组成的变压器组（见图 4－1－12）和三铁芯柱式三相变压器（见图 4－1－13）。

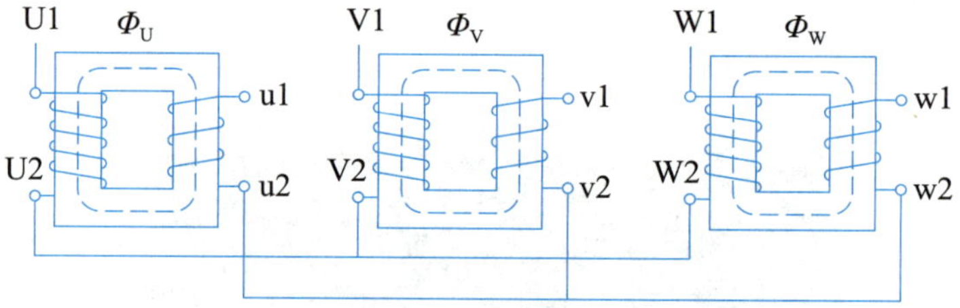

图 4－1－12　三个单相双绕组变压器组成的变压器组

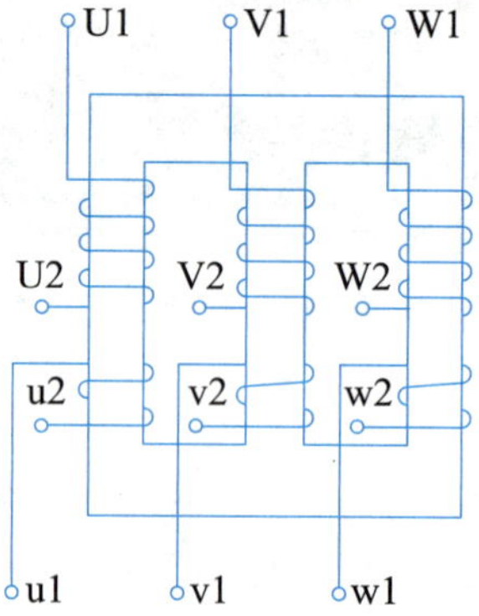

图 4－1－13　三铁芯柱式三相变压器

4－2　三相变压器

2. 特殊变压器

（1）电流互感器。

电流互感器主要用于大电流的测量。电流互感器的初级绕组匝数较少，只有一匝或几匝，用粗导线绕制，与被测大电流电路串联；次级绕组匝数较多，用细导线绕制，与电流表串联。电感线圈具有“通直流、阻交流、通低频、阻高频”的特性。电流互感器实物如图 4-1-14 所示，原理图如图 4-1-15 所示。

图 4-1-14　电流互感器实物

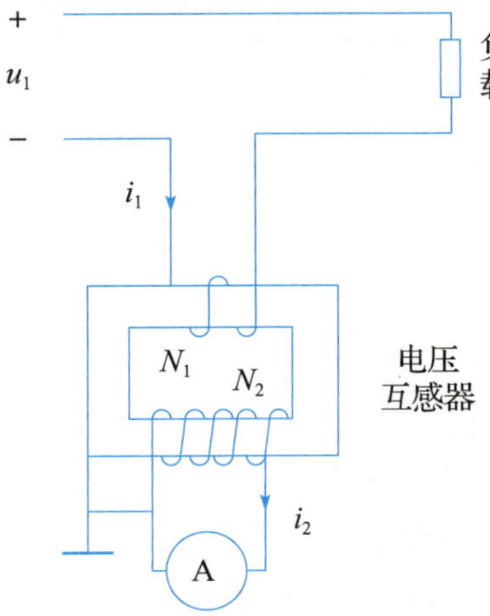

图 4-1-15　电流互感器原理图

由原理图可得：

$$\frac{I_1}{I_2}=\frac{N_2}{N_1}=\frac{1}{K_u}=K_i \qquad (4-9)$$

可见，通过负载的电流等于副边测得的电流与变流比 K_i 的乘积。

电流互感器应用注意事项：

1）电流互感器的次级绕组绝不允许开路，以免次级绕组感应出很高的电压，导致绝缘击穿，设备烧毁。

2）应将铁壳和次级绕组的一端接地，以防初级绕组的高压传到次级绕组。

3）次级绕组回路串入的阻抗不能超过允许的额定值，否则将导致测量误差增大。

（2）电压互感器。

电压互感器主要用于高电压的测量。使用时，将匝数较多的高压绕组跨接在需要测量电压的供电线上，将匝数较少的低压绕组与电压表相连。电压互感器实物如图 4-1-16 所示，原理图如图 4-1-17 所示。

图 4-1-16　电压互感器实物

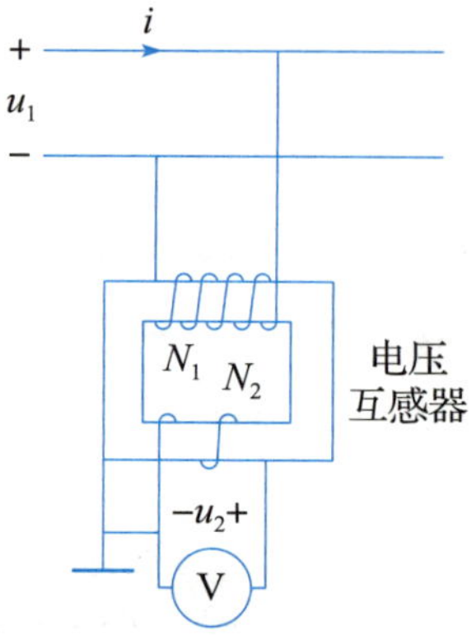

图 4-1-17　电压互感器原理图

由原理图可得：

$$\frac{U_1}{U_2}=\frac{N_1}{N_2}=K_u \tag{4-10}$$

可见，高压线路的电压等于副边测得的电压与变压比 K_u 的乘积。

电压互感器应用注意事项：

1）电压互感器的次级绕组绝不允许短路，否则可能产生很大的短路电流而烧坏次级绕组。

2）应将铁壳和次级绕组的一端接地，以防绝缘损坏后，初级绕组的高压传到次级绕组。

3）次级绕组回路不宜接过多的仪表，以免电流过大引起较大的漏阻抗压降，影响互感器的准确度。

（3）自耦变压器。

如图 4-1-18 所示，把一次绕组和二次绕组合二为一，就构成只有一个绕组的变压器，这种变压器称为自耦变压器。

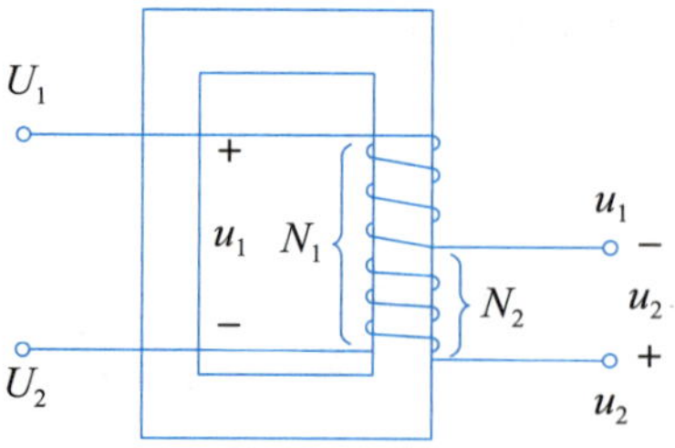

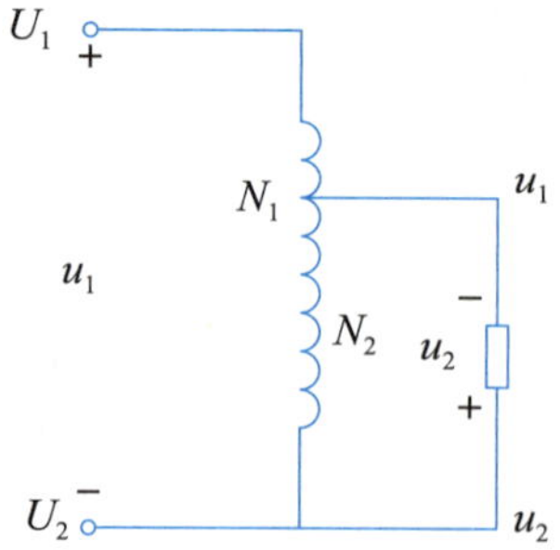

图 4-1-18　自耦变压器

自耦变压器的一、二次绕组之间不仅有磁耦合，还有电的直接联系。自耦变压器的工作原理与普通变压器一样。

自耦变压器的优点：结构简单；节省用铜量；效率较高；自耦变压器的变压比一般不超过 2，变压比越小，优点越明显。

自耦变压器的缺点：一次侧电路与二次侧电路有直接的电的联系，高压侧的电气故障会波及低压侧，故高、低压侧应采用同一绝缘等级。

任务实施

一、任务导入

测量变压器的变比可以检查绕组匝数是否正确、匝间是否有短路现象、绕组接头的连接及分接开关的位置是否正确等。

变压器两组及以上绕组的异名端串联时，总电压增大；变压器两组及以上绕组的同名端串联时，电压减小或抵消；变压器相同匝数的绕组同名端并联时，电流是原绕组的 2 倍。

本任务将测量变压器的变比，并判断单相变压器的同名端。

二、工作过程

1. 变压器变比的测量

测量所需材料与设备：单相变压器、万用表、电源、导线、交流电流表、白炽灯。

(1) 根据变压器铭牌上的数据，对变压器的变比进行理论值计算。

(2) 在空载状态下给变压器供电，通过万用表进行一次侧电压和二次侧电压的测量，将实际测量值带入公式求得变比的实际值。

(3) 带负载（白炽灯）测量变比，将交流电流表分别串接入一次绕组和二次绕组，测量电流大小，根据公式计算变比的实际值。

(4) 整理实验数据，将数据记录在表 4 - 1 - 1 中。

表 4 - 1 - 1　数据记录

测量项目	测量数据
理论值	
空载测量值	
带负载测量值	

2. 单相变压器同名端的判断

同名端是指在同一交变磁通的作用下，两个绕组上所产生的感应电压瞬时极性始终相同的端子，又称同极性端，常用“※”或“●”标记。假定两个绕组中各有电流 i_1、i_2，若它们产生的磁通方向一致，则两绕组的电流流入端（或流出端）即为同名端。

测量所需材料与设备：单相变压器、电源、导线、交流电压表、开关。

已知两个绕组的绕向，假定两个绕组中各有电流 i_1 和 i_2，若它们产生的磁通方向一致，则两绕组的电流流入端（或流出端）为同名端。

若无法辨明绕组方向，则使用直流法测定绕组同名端，按图 4－1－19 接线。

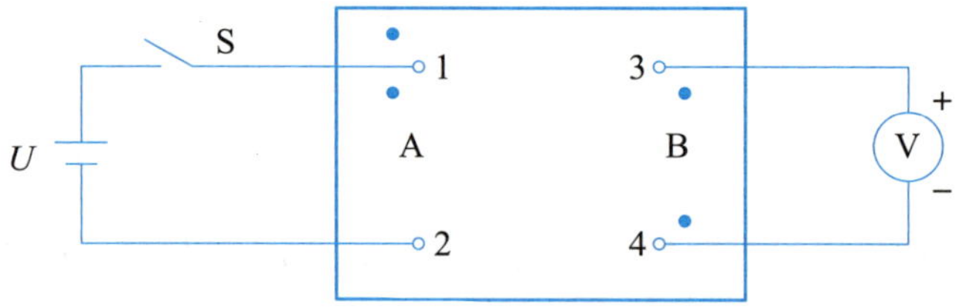

图 4－1－19　直流法测定绕组同名端

将 S 迅速闭合，电压表指针若正偏，则 1、3 为同名端；电压表指针若反偏，则 1、4 为同名端。

三、小组讨论

（1）为什么变压器的铁芯要用硅钢片叠成？用整块的铁芯行不行？

（2）变压器能否用于变换直流电压？如果将变压器接到与额定电压相同的直流电源上，会有输出吗？会产生什么后果？

（3）变压器变比的测量值和理论计算值相同吗？如果不同，请分析原因。

四、考核评价

首先由学生根据操作任务的完成情况进行自评，然后同一小组内的同学进行互评，最后由授课教师进行综合评价。考核评价表见表 4－1－2。

表 4－1－2　考核评价表

任务内容	评分标准	配分	自评	互评	综合评价
变压器变比的测量	会计算变压器的变比；掌握变压器变比的测量方法	30			
单相变压器同名端的判断	能按图连接应用直流法测定绕组同名端的电路；掌握判定同名端的方法	40			

续表

任务内容	评分标准	配分	自评	互评	综合评价
职业素养与规范	着装规范（5 分） 准备工作充分（5 分） 遵守安全操作规程（10 分） 整理操作台（5 分） 不迟到早退（5 分）	30			
总分					
自评人：	小组成员：		日期：		
教师评价意见：					

任务二　三相异步电动机的认识与控制

党的二十大报告强调，实施产业基础再造工程和重大技术装备攻关工程，支持专精特新企业发展，推动制造业高端化、智能化、绿色化发展。

三相交流电比单相交流电更具优势，应用更加广泛。例如，在相同体积下，三相发电机输出功率比单相发电机大；在输送功率相等、电压相同、输电距离和线路损耗一样的情况下，三相制输电比单相输电节省输电线材料，输电成本低。与单相电动机相比，三相电动机结构简单，价格低廉，性能良好，维护使用方便。

知识链接

一、三相异步电动机的认识

1. 三相异步电动机的基本结构

三相异步电动机主要由定子（静止部分）和转子（旋转部分）两部分组成，其结构如图 4-2-1 所示。

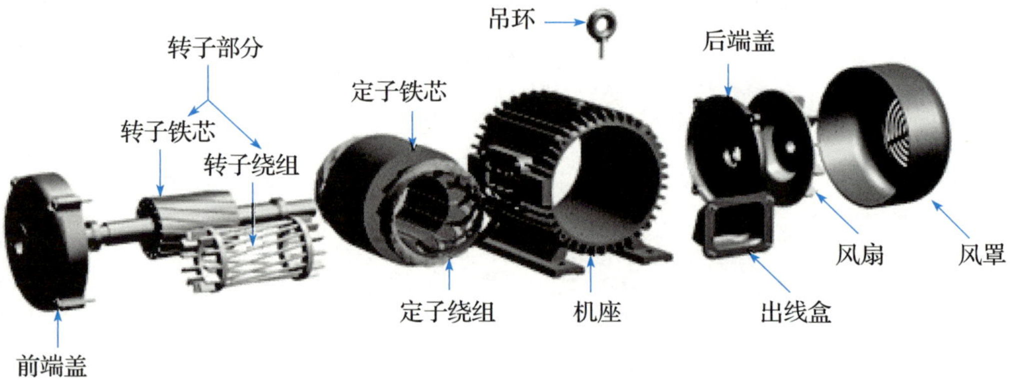

图 4-2-1　三相异步电动机的结构

（1）定子。

定子包括定子铁芯、定子绕组和机座。

1）定子铁芯：异步电动机磁路的一部分，用 0.5mm 厚的硅钢片冲制、叠压而成。

2）定子绕组：电动机的电路部分，由许多线圈按一定规律连接而成，小型电动机通常用高强度漆包线绕制而成。

3）机座：用于固定定子铁芯和端盖，中小型电动机通常采用铸铁制作，大型电动机则由钢板焊接而成。

（2）转子。

转子包括转子铁芯和转子绕组。

1）转子铁芯：电动机磁路的一部分，用 0.5mm 厚的硅钢片冲制、叠压而成。

2）转子绕组：产生感应电动势和电磁转矩。有笼型（铸铝转子）和绕线型两大类。

2. 三相异步电动机的用途

工业方面：三相异步电动机用于拖动中小型轧钢设备、金属切削机械、起重运输机械、轻工机械、矿山机械以及通风设备等。

农业方面：三相异步电动机用于拖动水泵、脱粒机、粉碎机，以及其他农副产品的加工机械等。

3. 三相异步电动机的分类

按电动机的容量分：小型（0.55～100kW）、中型（容量 100～1 250kW）、大型（容量 1 250kW 以上）。

按电动机转子的结构型式分：笼型和绕线型。

4. 三相异步电动机的铭牌

三相异步电动机的铭牌如图 4－2－2 所示。

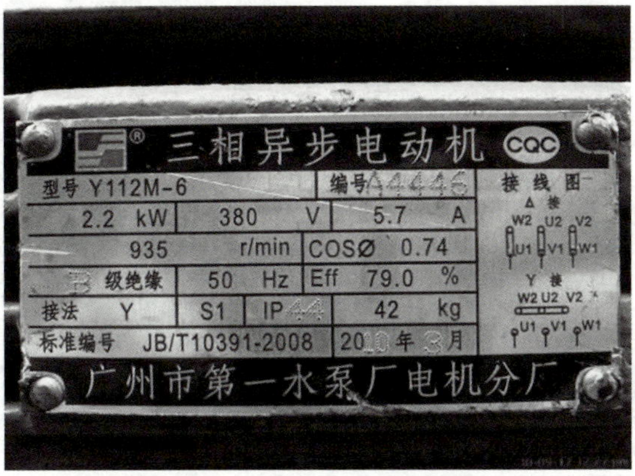

图 4－2－2　三相异步电动机的铭牌

（1）型号。

型号为电动机的品种代号。如图 4－2－2 所示的电动机的型号为 Y112M—6，其含义如下：Y 为异步电动机，112 为中心高度（单位是 mm），M 为机座类别（L 为长机座、M 为中机座、S 为短机座），6 为磁极数。

（2）额定功率 P_N。

电动机在额定工作状态下，从轴上输出的机械功率，单位为 kW。

（3）额定电压 U_N。

电动机在额定工作状态下，加到定子绕组上的线电压，单位为 V。

（4）额定电流 I_N。

电动机在额定工作状况下，定子电路输入的线电流，单位为 A。

（5）额定转速 n_N。

电动机在额定工作状态时的转速，单位是 r/min。

（6）接法。

在额定电压下，电动机定子三相绕组的连接方法有星形（Y）联结和三角形（△）联结两种，如图 4-2-3 所示。

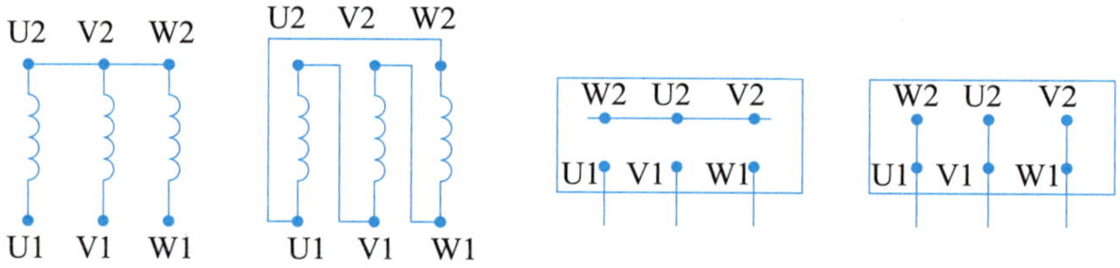

（a）Y形联结 （b）△形联结

图 4-2-3 电动机定子三相绕组的连接方法

若铭牌为△，额定电压为 380V，表明电动机额定电压为 380V 时应接成△形。若电压写成 380/220V，接法为 Y/△，表明电源线电压为 380V 时应接成 Y 形；电源线电压为 220V 时应接成△形。一般小型电动机采用 Y 形联结，大中型电动机采用△形联结。

（7）绝缘等级。

电动机所用绝缘材料的最高允许温度见表 4-2-1。国产的 Y 系列电动机一般采用 B 级绝缘。

表 4-2-1 绝缘材料的最高允许温度

绝缘等级	Y	A	E	B	F	H	C
最高允许温度/℃	90	105	120	130	155	180	大于 180

5. 三相异步电动机旋转磁场的产生

三相异步电动机的三相定子绕组接成 Y 形，对称地嵌放在定子铁芯的槽中。三相绕组接到三相对称交流电源后，产生三相对称交流电流，并产生各自的交变磁场，三个交变磁场合成一个两极旋转磁场，如图 4-2-4 所示。各绕组中电流为正时，电流参考方向为从首端 U1、V1、W1 流入，从末端 U2、V2、W2 流出；各绕组中电流为负时，电流参考方向为从末端流入，从首端流出。

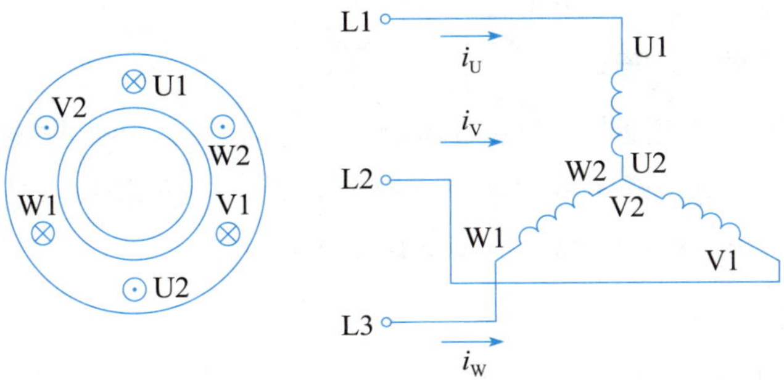

（a）空间分布　　（b）绕组的星形（Y）联结

图 4-2-4　三相异步电动机的三相定子绕组

空间上排列互差 120°的三相对称绕组通入三相对称交流电后，产生一对磁极的旋转磁场，电流变化一个周期，该旋转磁场在空间旋转一周即 2π 弧度。波形图如图 4-2-5 所示。

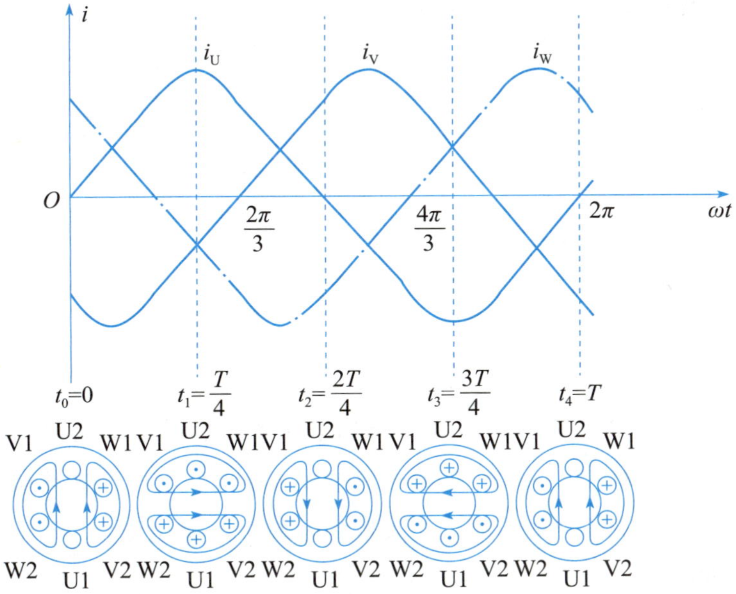

图 4-2-5　波形图

三相对称交流电流流过三相对称绕组产生旋转磁场。转向取决于电流的相序，任意调换两根电源线即可改变转向。转速为：

$$n_1=\frac{60f_1}{p} \tag{4-11}$$

式中，

p——定子绕组的磁极对数；

f_1——三相交流电的频率，单位为 Hz；

n_1——旋转磁场的同步转速，单位为 r/min。

6. 三相异步电动机的工作原理

定子绕组通过三相对称交流电，产生旋转磁场（逆时针）。开始时转子不动，转子导体切割磁感线产生感应电动势。转子绕组通过短路环闭合，转子导体中产生感应电流，转子电流在磁场中产生电磁力，转子导体在电磁力作用下将产生一个电磁转矩（逆时针），使转子沿着旋转磁场的方向转动。

7. 三相异步电动机的命名

三相异步电动机工作时，转子的转速 n 不等于旋转磁场的转速 n_1，因此得名“异步”。转子导体中的电动势、电流是从定子电路中感应而来，所以又称感应电动机。

8. 转差与转差率

（1）转差是指异步电动机工作时，转子与旋转磁场之间存在的转速差，它反映了转子导体切割磁感线的快慢程度。

（2）转差率 S 是转差 n_1-n 与旋转磁场转速 n_1 的比值。在额定负载时，中小型异步电动机的转差率一般为 0.02～0.06。

$$S=(n_1-n)/n_1 \tag{4-12}$$

二、三相异步电动机的控制

1. 电动机起动控制

（1）起动。

电动机接入电网后，从开始转动到正常运行的过程称为起动。三相异步电动机起动瞬间的电流一般可达额定值的 5～7 倍。起动电流过大会使电网电压产生波动，影响其他电器正常工作，而电动机本身的起动转矩并不大。为了减小起动电流，产生合适的起动转矩，应采用适当的起动方法。

（2）笼型异步电动机的起动方式。

1）直接起动（全压起动）：将异步电动机的定子绕组接到额定电压的电网上，使电动机直接起动。优点是操作便捷，起动设备简单；缺点是起动电流大。该起动方式只适用于小容量（7.5kW 以下）笼型异步电动机的起动。

2）笼型异步电动机的降压起动：降压起动是指电动机在起动时降低加在定子绕组上的电压，待转速上升后再恢复额定电压运行。包括 Y—△降压起动和自耦变压器降压起动两种方法。

①Y—△降压起动：将定子绕组△形联结的电动机在起动时改接成 Y 形，起动结束后恢复△形联结。定子绕组由△形联结改为 Y 形联结后，起动转矩和电流都降至原来的 1/3。

此方法只适用于空载或轻载起动的场合。优点是设备简单、成本低；缺点是只适用于正常工作时定子绕组△形联结的电动机。Y—△降压起动电路如图 4－2－6 所示。

②自耦变压器降压起动：利用自耦变压器降低加在定子绕组上的电压。实际的自耦变压器常备有抽头，可以选择不同的起动电压，以满足生产机械对起动转矩的要求。优点是可以降低电动机初始起动电流，降低起动电压波动，提高电动机效率，延长使用寿命。缺点是起动设备体积大，价格贵。广泛应用于大中型三相异步电动机空载或轻载起动。自耦变压器降压起动电路如图 4－2－7 所示。

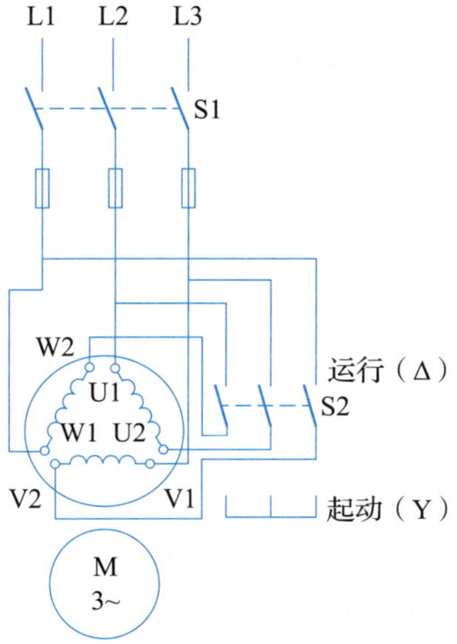

图 4－2－6　Y—△降压起动电路

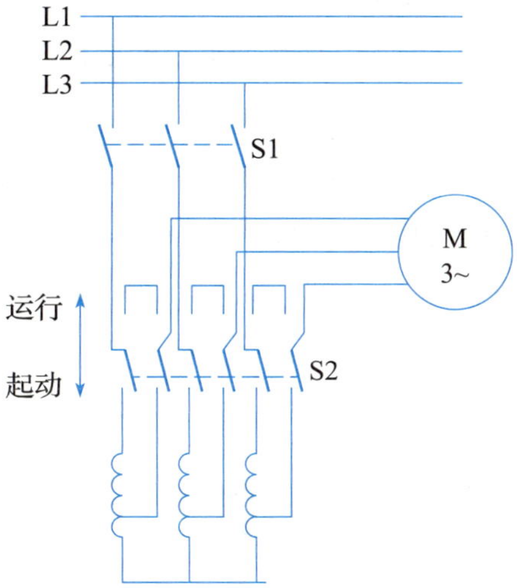

图 4－2－7　自耦变压器降压起动电路

（3）绕线型异步电动机的起动。

绕线型异步电动机可以采用转子电路串电阻或频敏变阻器的起动方法。适当增大转子电路电阻，可以减小起动电流，提高转子功率因数，增大起动转矩。适用于重载起动，如起重机械。优点是结构简单，制造成本低，可靠性高，故障率低，适应性强，可用于不同领域的设备和机器，转矩大，起动和运转平稳，维护和保养简单，易于检查和维修。缺点是起动设备较多，电能消耗大。

2. 电动机的调速

当负载不变时，人为改变电动机的转速，可以满足不同生产机械的要求。

电动机转速的计算公式如下：

$$n=n_1(1-s)=\frac{60f_1}{p}(1-s) \tag{4-13}$$

式中，s 为转差率，f_1 为电源频率，p 为极对数。

根据式 4－13 可知，调速方法有变极对数调速（变极调速）、变电源频率调速和变转差率调速 3 种。

（1）变极调速：通过改变定子旋转磁场的极对数来改变电动机转速。改变定子绕组的接法即可改变极对数。优点是设备简单，操作方便，效率高；缺点是转速只能成倍变化，是有级调速。为了保持转向不变，变极的同时必须调换任意两根电源线。

（2）变频调速：通过改变电源频率来平滑地调节电动机的转速，是无级调速。电源频率与电动机的转速成正比。优点是调速范围大，平滑性好，效率高，可适应不同负载的要求；缺点是调速系统复杂，成本高。

（3）变转差率调速：变转差率调速是一种通过调节电动机的转速来控制负载输出转矩的调速方式。其原理是通过改变机械变速器中主、从动轮的转速比，使负载转速得以调整，实现调速。变转差率调速通常有降压、定子回路串阻抗、绕线式转子串电阻等方法。变转差率调速的优点：上述方法都比较简单，均属于恒转矩调速，降压调速还可实现无级调速。这些方法共同的缺点是调速范围小，机械特性变软，转速的稳定性较差，过载能力下降，调速电阻耗能大等。

3. 电动机的制动

电动机的制动方法有机械制动和电气制动两种。

（1）机械制动：利用机械装置使电动机断开电源后迅速停转。

（2）电气制动：使异步电动机产生与转速方向相反的电磁转矩，使电力拖动系统迅速停转、反转或限制其转速。包括反接制动、能耗制动和回馈制动三种方法。

1）反接制动：调换定子绕组中任意两相的接线，使旋转磁场反转，从而在转子导体中产生与转向相反的电磁转矩，使转速快速下降。优点是制动效果强烈，所需设备简单；缺点是对电力拖动系统冲击太大。一般用于要求迅速反转的场合。

2）能耗制动：在切除定子绕组的交流电源的同时立即通入直流电，定子绕组气隙中产生静止磁场，转子由于惯性继续旋转，转子导体切割磁感应线产生制动转矩，使电动机迅速停转。将转子的动能转化为电能，并消耗在转子回路的电阻上。优点是制动力矩较大，制动过程平稳；缺点是需要直流电源，低速制动效果差。一般用于要求迅速停车的场合。

3）回馈制动：回馈制动又称再生制动或发电制动。当起重机放下重物时，因重力作用，电动机的转速 n 超过旋转磁场的转速 n_1，电动机转入发电运行状态，将重物的位能转换为电能，再回送电网。优点是能耗低，电路不需进行任何改接；缺点是转速必须高于理想空载转速，不能用于快速停车。一般用于起重机快速下放重物或电车快速下坡等场合。

任务实施

一、任务导入

三相异步电动机应用广泛，应做好保养，并且在发生故障时及时进行维修。为了确保维修质量，在拆卸前应在电动机线头、端盖等处做好标记，并做好维修记录，以便装配后确保电动机能恢复原状态。不正确的拆卸很可能损坏零件或绕组，甚至扩大故障，增加修理的难度，造成不必要的损失。

二、工作过程

1. 三相笼型异步电动机的拆卸

（1）拆卸风罩：拆下风罩螺钉后即可取下风罩，然后松开风扇的锁（螺钉或定位销）。

（2）拆卸外风扇：用木锤或紫铜棒在风扇四周均匀地轻轻敲击，使风扇松动，即可轻松取下。风扇一般用铝或塑料制成，比较脆弱，因此在拆卸时切忌直接敲打。

（3）拆卸前端盖固定螺栓。

（4）拆卸轴承盖和端盖：把轴承外盖的螺栓卸下，拆开轴承外盖。为了便于装配时复位，应在端盖与机座的缝隙处做好标记。松开端盖的固定螺栓，然后直接用铜棒或用手锤垫上木板均匀敲打前端盖四周，使前端盖松动，以便取下，再松开后端盖螺栓，用木锤或铜棒轻轻敲打轴伸端，即可将转子和后端盖一起取下。往外抽转子时注意不能碰定子绕组。

（5）抽出或吊出转子：用木锤敲击后转轴，当前端盖止口脱离后，就可以取下转子了。注意：拆卸转子时不要碰到线圈，避免将其损坏。

（6）用顶拔器（俗称拉马）拆卸两端轴承。

2. 三相笼型异步电动机的装配

三相笼型异步电动机的装配顺序与拆卸顺序大致相反。装配时要注意拆卸时的一些标记，尽量按标记复位。

（1）滚动轴承的安装：轴承的安装质量直接影响电动机的寿命，装配前应用煤油把轴承、转轴和轴承室等处清洗干净，用手转动轴承外圈，检查是否灵活、均匀和有无卡滞现象，如果轴承不需更换，则先用汽油洗净，再用干净的布擦干待装。如果更换了新轴承，应将轴承放入 70～80℃的变压器油中加热 5min 左右，待防锈油全部熔化后，再用汽油洗净，然后用干净的布擦干待装。

（2）后端盖的安装：将电动机的后端盖套在转轴的后轴承上，确保轴与端盖相互垂直，用木锤轻轻敲打，使轴承进入端盖的轴承室，拧紧轴承内、外盖的螺栓。注意，螺栓要对称逐步拧紧。

（3）转子的安装：把安装好后端盖的转子对准定子铁芯的中心，小心地往里放送，注意不要碰伤绕组线圈，当后端盖对准机座的标记时，用木锤将后端盖敲入机壳止口，拧上后端盖的螺栓，不要拧得太紧。

（4）前端盖的安装：将前端盖对准机座的标记，用木锤均匀敲击端盖四周，使端盖进入止口，然后拧上端盖的螺栓。对称逐步拧紧前、后端盖的螺栓，注意边拧边转动转子，避免转子不同心或卡住。接下来安装前轴承内、外盖，先在轴承外盖孔内穿一根螺栓，一只手顶住螺栓，另一只手缓慢转动转子，轴承内盖随之转动，靠手感对齐轴承内外盖的螺孔，将螺栓拧入轴承内盖的螺孔，逐步拧紧各个螺栓。

（5）风扇和皮带轮的安装：在后轴端安装风扇，再装好风扇的外罩，确保风扇安装牢固，不要与外罩发生碰撞和摩擦。装皮带轮时要修好键槽，磨损的键应重新配制，确保连接可靠。

（6）电动机装配后的检验：检查所有固件是否拧紧；转子转动是否灵活，轴伸端有无径向偏摆。测量绝缘电阻，测量电动机定子绕组每相之间的绝缘电阻和绕组对机壳的绝缘电阻，绝缘电阻值不能小于 0.5MΩ。最后测量电流。

（7）安装好接地线，检查合格后，根据铭牌规定的电流和电压正确接通电源，用钳形电流表分别测量三相电流，检查电流是否在规定范围内（空载电流约为额定电流的 1/3）；检查三相电流是否平衡。

（8）通电观察：用转速表测量转速是否均匀并符合要求；检查机壳是否过热，轴承有无异常声音。

三、小组讨论

（1）三相异步电动机是怎样转起来的？

（2）三相异步电动机转子绕组中的电流是怎样产生的？

（3）反接制动时怎样防止电动机反转？

四、考核评价

首先由学生根据操作任务的完成情况进行自评，然后同一小组内的同学进行互评，最后由授课教师进行综合评价。考核评价表见表 4－2－2。

表 4-2-2　考核评价表

任务内容	评分标准	配分	自评	互评	综合评价
三相笼型异步电动机的拆卸	拆卸步骤正确；记录完整；零部件无损坏	30			
三相笼型异步电动机的装配	装配步骤正确；零部件无损坏；装配后电动机能正常工作	40			
职业素养与规范	着装规范（5 分） 准备工作充分（5 分） 遵守安全操作规程（10 分） 整理操作台（5 分） 不迟到早退（5 分）	30			
总分					
自评人：	小组成员：	日期：			
教师评价意见：					

项目小结

（1）磁体周围磁力作用的空间称为磁场。在磁场中，小磁针静止时 N 极所指的方向就是磁场方向。

（2）磁场的主要物理量：磁通（Φ），磁感应强度（B），磁导率（μ），磁场强度（H）。

（3）电磁感应现象：由于磁通变化而在导体或线圈中产生感应电动势的现象称为电磁感应。电磁感应产生的电动势称为感应电动势。感应电动势引起的电流称为感应电流。只有通过线圈回路的磁通发生变化时才会产生电磁感应现象。

（4）法拉第电磁感应定律：线圈中感应电动势的大小与通过同一线圈的磁通变化率（即变化快慢）成正比，这一规律称为法拉第电磁感应定律。

（5）楞次定律：感应电流产生的磁场总是阻碍原磁通的变化。也就是说，当线圈中的磁通增加时，感应电流就要产生与其方向相反的磁通去阻碍它的增加；当线圈中的磁通减少时，感应电流就要产生与其方向相同的磁通去阻碍它的减少。

（6）自感：因流过线圈本身的电流发生变化而引起的电磁感应称为自感。

（7）互感：因一个线圈的电流发生变化而在另一个线圈中产生电磁感应称为互感。

（8）涡流：整块铁芯的周围绕有线圈，当线圈中通以交变电流时，就会产生交变磁场，处在该交变磁场中的铁芯就要产生自成回路的感应电流，这种感应电流形如水中的漩涡，故称为涡电流，简称涡流。

（9）变压器是输送交流电时使用的通过磁路的耦合作用实现电能传输及变电压、变电流功能的电气设备。变压器按相数可分为单相变压器和三相变压器。

（10）变压器的输入电压和输出电压满足关系：

$$\frac{U_1}{U_{20}}=\frac{N_1}{N_2}=K$$

（11）变压器的一、二次绕组的电流有效值满足关系：

$$\frac{I_1}{I_2}=\frac{N_2}{N_1}=\frac{1}{K}$$

（12）经变压器变换后的阻抗 Z_L' 和原负载阻抗 Z_L 满足关系：

$$|Z_L'|=K^2\cdot|Z_L|$$

（13）特殊变压器：电流互感器、电压互感器和自耦变压器等。

（14）三相异步电动机主要由定子（静止部分）和转子（旋转部分）两部分组成。

（15）三相异步电动机按电动机的容量分为：小型（0.55～100kW）、中型（100～1 250kW）、大型（1 250kW 以上）。

（16）三相异步电动机的起动方式：直接起动和降压起动。

（17）三相异步电动机的调速方式：变极调速、变频调速和变转差率调速。

（18）电动机的制动方式：机械制动和电气制动。

练习题

一、单选题

1. 远距离输电采用（　　）是最为经济的。

A. 大电流　　B. 小电流　　C. 高电压　　D. 低电压

2. 电能输送到用电区域后，为了适应用电设备的电压要求，还需通过各级变电站利用（　　）将电压降低为各类电器所需的电压值。

A. 配电柜　　B. 变压器　　C. 电动机　　D. 发电机

3. 变换三相交流电电压，需用（　　）变压器。

A. 单相　　B. 两相　　C. 三相　　D. 任意

4. 三相变压器的额定电压均指（　　）电压。

A. 相　　B. 线　　C. 高　　D. 低

5. 磁通用 Φ 表示，单位是（　　）。

A. A　　B. V　　C. F　　D. Wb

6. 磁感应强度 B 的单位是（　　）。

A. A　　B. V　　C. T　　D. W

7. 磁势的单位是（　　）。

A. A　　B. V　　C. W　　D. T

8. 当线圈中通过变化的电流 i 时，在铁芯中穿过的磁通是（　　）的。

A. 不变　　B. 变化　　C. 不确定　　D. 为零

9. 产生电磁感应的条件：通过线圈回路的磁通必须（　　）。

A. 不变　　B. 发生变化　　C. 为零　　D. 不为零

10. 线圈中感应电动势的大小与通过同一线圈的磁通变化率（即变化快慢）成（　　）比，这一规律称为法拉第电磁感应定律。

A. 正　　B. 反　　C. 任意　　D. 不确定

11. 实验证明，在通电线圈中放入铁、钴、镍等物质后，通电线圈周围的磁场将（　　）。

A. 增大　　B. 减小　　C. 不变　　D. 不确定

12. 空气、木材、纸、铝等非磁性材料的磁导率与真空磁导率（　　）。

A. 不相等　　B. 近似相等　　C. 不确定　　D. 无法比较

13. 在变压器的使用过程中，要尽量（　　）铁芯中的涡流。

A. 增大　　B. 减小　　C. 不干预　　D. 不考虑

14. 我国交流输电的电压最高已达（　　）kV。

A. 100　　B. 200　　C. 300　　D. 500

15. 变压器在接近满载时效率最高。小型变压器的效率为 80%～90%，大型变压器的效率可达（　　）左右。

A. 60%　　B. 70%　　C. 90%　　D. 98%

二、判断题

1. 在用电方面，多数用电器所需电压是 380V、220V 或 36V，少数电机采用 3kV、6kV 等。（　　）

2. 为了减少磁通变化时引起的涡流损失，变压器的铁芯要用厚度为 0.35～0.5mm 的硅钢片叠成。（　　）

3. 绕组与绕组及绕组与铁芯之间都是互相绝缘的。（　　）

4. 变压器在额定工作状态下，二次绕组的视在功率常以 kV·A 为单位。（　　）

5. 目前我国交流输电的电压为 110kV、220kV、330kV 及 500kV 等。（　　）

6. 自耦变压器可以用于变比较大的场合。（　　）

7. 磁感应强度 B 是一个表示磁场中各点的磁场强弱和方向的物理量。（　　）

8. 磁感应强度 B 与磁场中的介质的导磁性质有关。（　　）

9. 磁导率大的材料，导磁性能差。（　　）

10. 在电气设备中，为了增强磁场，常把线圈绕在铁芯上。（　　）

11. 如果把相同的磁势加到不同的磁路中，获得的磁通不相同。（　　）

12. 整块铁芯的周围绕有线圈，当线圈中通以交变电流时，就会产生交变磁场，处在该交变磁场中的铁芯就要产生自成回路的感应电流，这种感应电流形如水中的漩涡，故称为涡电流，简称涡流。（　　）

13. 感应电流产生的磁场总是阻碍原磁通的变化。（　　）

14. 如果原有磁通的变化趋势是增加的，则感应磁通与原有磁通方向相反。（　　）

15. 磁通用 Φ 表示，单位是 Wb（韦伯）。（　　）

16. 工程中常用到一个较小的单位 Gs（高斯）来表示磁感应强度。（　　）

17. 磁势的单位是 A（安）。（　　）

18. 在变压器铁芯中的涡流是有害的。（　　）

19. 由于磁通变化而在导体或线圈中产生感应电动势的现象称为电磁感应。（　　）

20. 当线圈中的磁通增加时，感应电流就要产生与其方向相反的磁通去阻碍它的增加。（　　）

21. 安培定则又称为右手螺旋定则。（　　）

22. 远距离输电采用高电压是最为经济的。（　　）

23. 变压器不仅可以改变电压，也可以改变电流。（　　）

24. 自耦变压器不能用于变比较大的场合。（　　）

项目五 常用半导体元件及应用

知识目标

1. 了解半导体的基础知识。
2. 掌握二极管的结构和单向导电性。
3. 了解二极管的伏安特性曲线。
4. 掌握三极管的结构和三极管的电流放大作用。
5. 了解三极管的伏安特性曲线。
6. 了解单级放大电路的特性和分类。
7. 了解多级放大电路的特性和分类。
8. 掌握放大电路中的负反馈的相关知识。
9. 掌握整流和滤波电路的工作原理。
10. 了解稳压电路的相关知识。

技能目标

1. 会用万用表检测二极管和三极管。
2. 能安装和调试三极管基本放大电路。
3. 能安装和调试桥式整流电路。
4. 能安装和调试电容滤波电路。

素养提升

培养良好的质量服务意识；培养环境保护意识；锻炼应对危机与突发事件的能力。

任务一　常用半导体元件的认识

党的二十大报告指出，必须坚持科技是第一生产力、人才是第一资源、创新是第一动力。

我们要坚持科技创新，坚持科技自立自强，加快建设科技强国，加速突破“卡脖子”关键核心技术难题。电子产业关键技术自主可控是国家走向科技强国的必经之路，是民族复兴进程中的一件举足轻重的大事。半导体元件是电子电路中的核心元器件，掌握半导体元件的特性、使用方法和检测方法对后续电子技术的学习至关重要。

知识链接

一、半导体基础知识

1. 物质的种类

(1) 导体：能导电的物质。

(2) 绝缘体：不能导电的物质。

(3) 半导体：导电能力介于导体和绝缘体之间的物质。

2. 半导体的分类

(1) 本征半导体：纯净的单晶半导体，如硅、锗单晶体。

(2) 杂质半导体：掺入杂质后的本征半导体称为杂质半导体。

1) N 型半导体：本征半导体中掺入五价元素后形成的以自由电子为多数载流子的杂质半导体（空穴为少数载流子）。

2) P 型半导体：本征半导体中掺入三价元素后形成的以空穴为多数载流子的杂质半导体（电子为少数载流子）。

3. PN 结

(1) PN 结的形成。

采用特定的制造工艺，使一块半导体的两边分别形成 P 型半导体和 N 型半导体，它们的交界面就形成了 PN 结。如图 5－1－1 所示，在界面的两侧形成了由等量正、负离子组成的空间电荷区，同时建立了一个内电场，方向由 N 区指向 P 区。PN 结是构成各种半导体的基础。

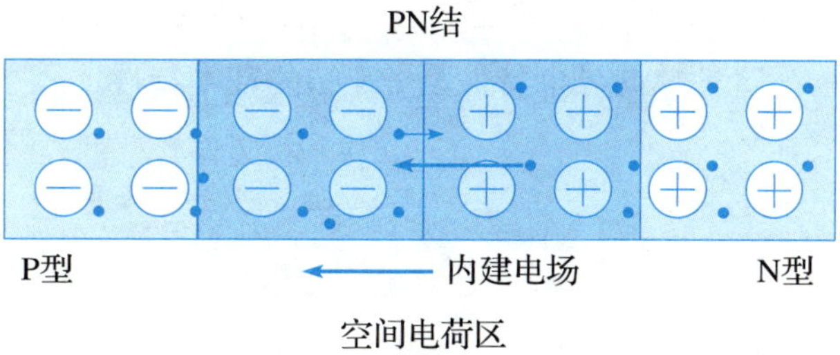

图 5-1-1　PN 结的形成

（2）PN 结的单向导电性。

PN 结上不加电压时，载流子的运动处于动态平衡。多子形成的扩散电流与少子形成的漂移电流大小相等，方向相反。通过 PN 结的电流为零。

给 PN 结加上正向偏置电压，即 P 区接电源正极，N 区接电源负极，如图 5-1-2 所示，此时称 PN 结为正向偏置（简称正偏）。外加电源产生的外电场的方向与 PN 结产生的内电场方向相反，削弱了内电场，使 PN 结变薄，有利于两区多数载流子向对方扩散，形成正向电流，此时 PN 结处于正向导通状态。

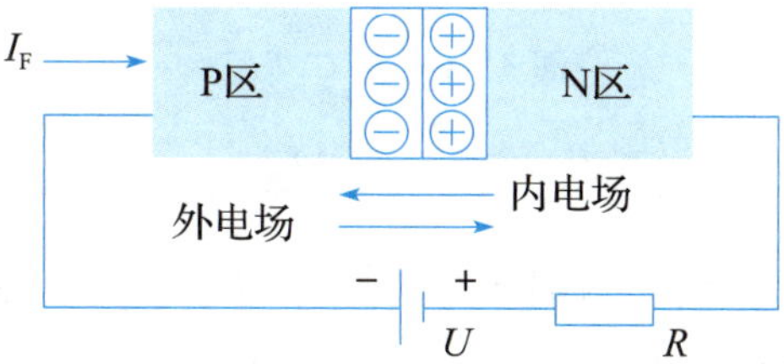

图 5-1-2　外加正向偏置电压

给 PN 结加上反向偏置电压，即 N 区接电源正极，P 区接电源负极，如图 5-1-3 所示，此时称 PN 结为反向偏置（简称反偏）。外加电场与内电场的方向一致，加强了内电场，使 PN 结加宽，阻碍了多子的扩散运动。在外电场的作用下，只有少数载流子形成的很微弱的电流，称为反向电流。

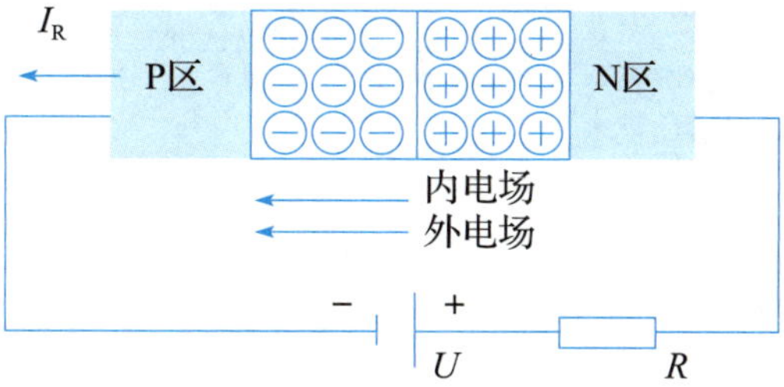

图 5-1-3　外加反向偏置电压

由此可见，PN 结正向偏置时处于导通状态，呈低电阻特性；PN 结反向偏置时处于截止状态，呈高电阻特性。这种单向导电特性是 PN 结的基本特性。

二、二极管

1. 概念

晶体二极管也称半导体二极管，简称二极管。二极管实质上就是一个 PN 结，在 PN 结的 P 区引出一个电极，称为正极或阳极，在 N 区引出一个电极，称为负极或阴极，再将这个 PN 结封装起来就形成了一个二极管，用字母 VD 表示。箭头的指向为 PN 结加正向偏置电压时电流的方向。二极管的结构和图形符号如图 5-1-4 所示。

5-1 二极管

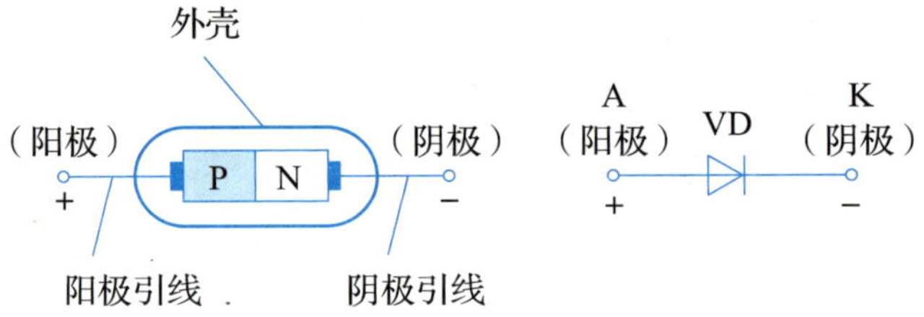

（a）结构　　（b）图形符号

图 5-1-4　二极管

2. 二极管的伏安特性

二极管的伏安特性是指二极管两端所加电压与通过它的电流之间的关系，用于定量描述两者关系的曲线叫伏安特性曲线，如图 5-1-5 所示。

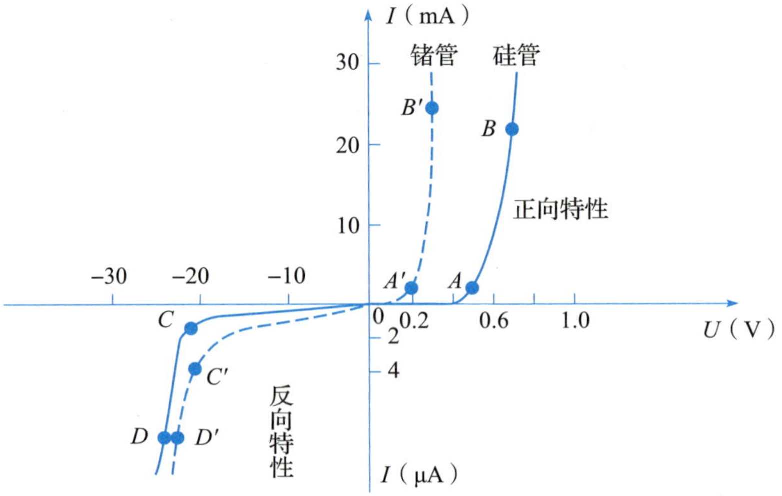

图 5-1-5　二极管的伏安特性曲线

（1）二极管的电压与电流变化不呈线性关系，其内阻不是常数，故二极管属于非线性器件。

（2）二极管具有单向导电性，即外加正向偏置电压大于死区电压时，二极管导通；外加反向偏置电压时，二极管截止。

（3）二极管正向导通后，正向偏置电压变化范围很小，近似恒压特性。

（4）锗二极管（锗管）比硅二极管（硅管）的正向电流上升快，正向电压降小，但锗管比硅管的反向电流大得多，受温度影响明显。

3. 二极管的主要参数

（1）I_F：最大整流电流（最大正向平均电流）。

（2）U_{RM}：最高反向工作电压。

（3）I_R：反向电流（越小，单向导电性越好）。

（4）f_M：最高工作频率（超过时，单向导电性变差）。

4. 特殊二极管

常见的特殊二极管有稳压管、发光二极管和光电二极管。

（1）稳压二极管。

稳压二极管简称稳压管，是由硅材料制成的特殊面接触型二极管，与普通二极管不同之处在于，稳压管的正常工作区域是 PN 结的反向齐纳击穿区，因此也称为齐纳二极管。稳压管的图形符号和外形如图 5-1-6 所示。

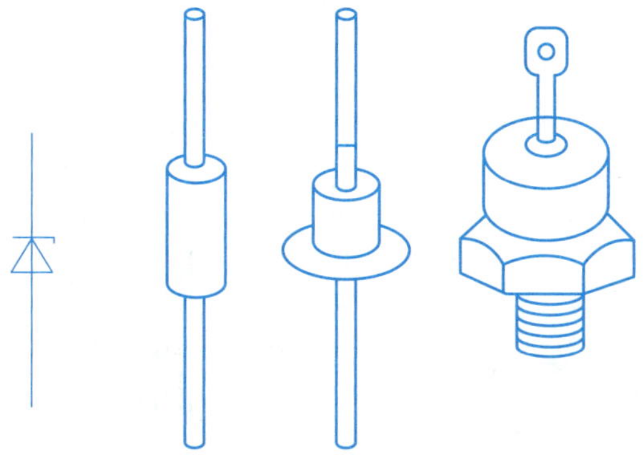

（a）图形符号　　（b）外形

图 5-1-6　稳压管

（2）发光二极管。

发光二极管与普通二极管一样，也是由 PN 结构成的，同样具有单向导电性，但在正向导通时能发光，是一种能把电能转换成光能的半导体器件。发光二极管的图形符号和外形如图 5-1-7 所示。

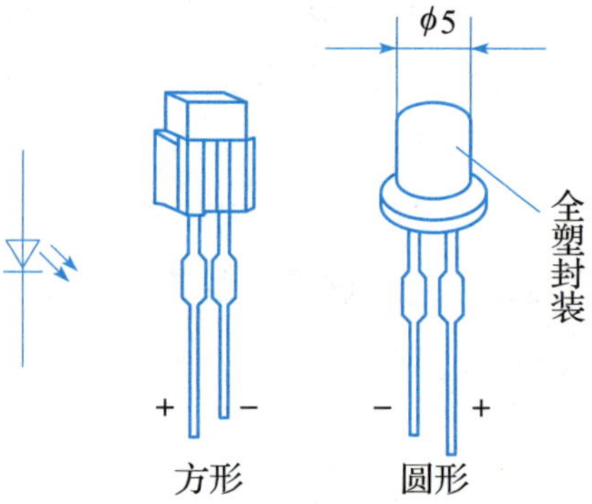

（a）图形符号　　（b）外形

图 5-1-7　发光二极管

发光二极管简称 LED，是继白炽灯、荧光灯和高强度放电灯之后的第四代新光源——固态冷光源，它具有结构紧凑、重量轻、体积小、耗能少、响应速度快、抗振性能好、使用方便等优点，是一种很有前景的电光源。这种电子元件诞生于 1962 年，当时只能发出低光度的红光，之后发展出其他单色光型号，时至今日，能发出的光已遍及可见光、红外线及紫外线，光度大幅度提高。LED 的用途也由初时作为指示灯、显示板等发展到目前广泛应用于显示器、采光装饰和照明等领域。

（3）光电二极管。

光电二极管又称光敏二极管，是将光信号变成电信号的半导体器件，其核心部分也是一个 PN 结。光电二极管的图形符号和外形如图 5-1-8 所示。

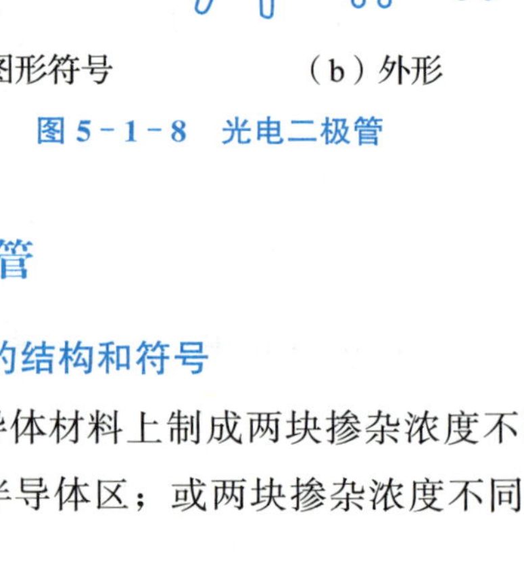

（a）图形符号　　（b）外形

图 5-1-8　光电二极管

三、三极管

5-2　三极管

1. 三极管的结构和符号

在一块半导体材料上制成两块掺杂浓度不同的 N 型半导体区，中间再夹一块 P 型半导体区；或两块掺杂浓度不同的 P 型半导体区中间夹一块 N 型半导体区，便形成三极管。三极管根据 3 个区的半导体材料的性质不同，可分为 NPN 型和 PNP 型，它们的结构示意图和图形符号如图 5-1-9 所示。三极管有 3 个极，分别是基极 b、集电极 c 和发射极 e，三极管的英文符号为 VT。

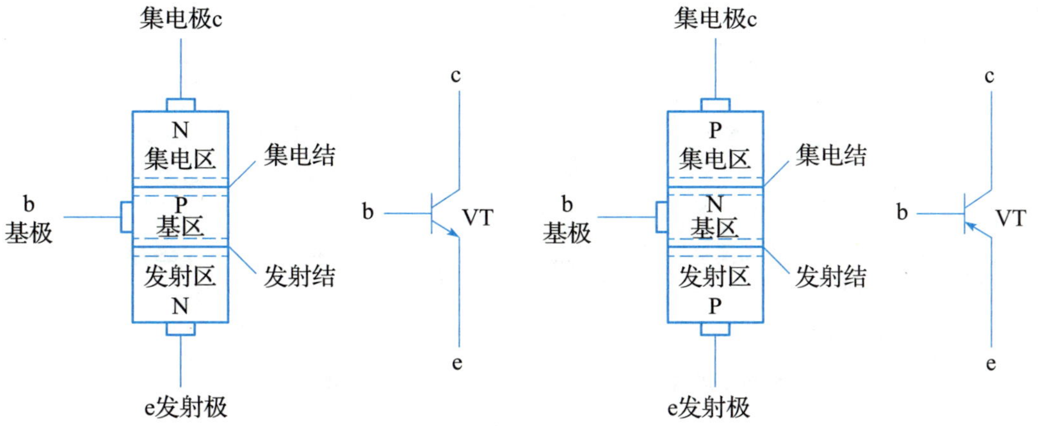

（a）NPN型三极管　（b）PNP型三极管

图 5-1-9　三极管

2. 三极管的分类

（1）根据制造材料不同，分为硅管和锗管。

（2）根据内部结构不同，分为 NPN 型和 PNP 型。目前市场上销售的硅管多数是 NPN 型，锗管多数是 PNP 型。

（3）根据工作频率不同，分为高频管（工作频率≥3MHz）和低频管（工作频率<3MHz）。

（4）根据功率不同，分为小功率管（耗散功率<1W）和大功率管（耗散功率≥1W）。

（5）根据用途不同，分为普通管和开关管。

3. 三极管的电流放大作用

（1）三极管放大器的 3 种不同连接方式。

三极管有 3 个电极，组成放大器时，一个电极作为信号输入端，另一个电极作为信号输出端，则第三个电极势必成为输入和输出信号的公共端。根据公共端选用发射极、基极或集电极的不同，三极管有共发射极、共基极和共集电极 3 种不同的连接方式，如图 5-1-10 所示。

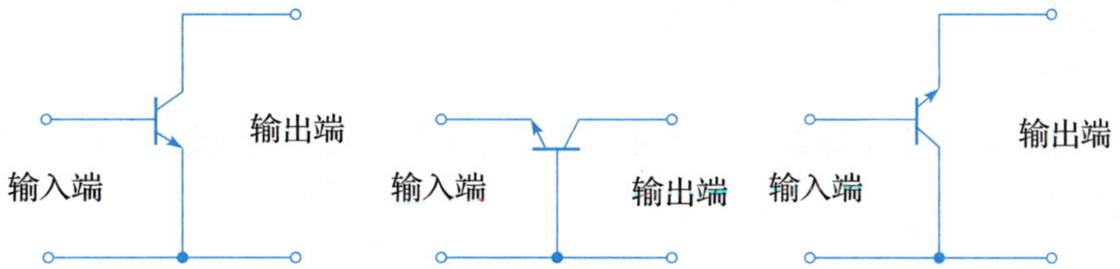

（a）共发射极　（b）共基极　（c）共集电极

图 5-1-10　三极管放大器的三种不同连接方式

（2）三极管的工作电压。

三极管具有放大作用是由它的内部结构决定的，但是还要满足外部电路条件，这个条件是发射结加正向偏置电压，集电结加反向偏置电压。三极管的工作电压如图 5－1－11 所示。

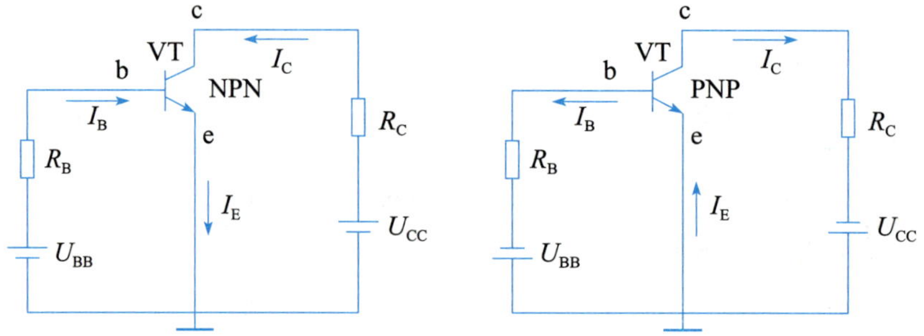

（a）NPN三极管　　（b）PNP三极管

图 5－1－11　三极管的工作电压

NPN 型三极管电路中的电压关系为 $U_C>U_B>U_E$，PNP 型三极管电路中的电压关系为 $U_C<U_B<U_E$。

（3）三极管内部电流分配关系为：

$$I_E=I_B+I_C \tag{5-1}$$

（4）三极管的电流放大作用。

1）共发射极直流电流放大系数（$\bar{\beta}$）。

集电极电流与基极电流之比，称为三极管的共发射极直流电流放大系数。

$$\bar{\beta}=\frac{I_C}{I_B} \tag{5-2}$$

2）共发射极交流电流放大系数（β）。

集电极电流的变化量与基极电流的变化量之比，称为三极管的共发射极交流电流放大系数。

$$\beta=\frac{\Delta I_C}{\Delta I_B} \tag{5-3}$$

通过控制基极回路很小的电流，便可以实现对集电极较大电流的控制，这就是三极管的电流放大作用。

4. 三极管的特性曲线

三极管各个电极上的电压和电流的关系曲线称为三极管的特性曲线，分为输入特性曲线和输出特性曲线两种。

（1）输入特性曲线。

输入特性曲线是指集电极到发射极之间的电压为某一常数时，基极电流与基极到发射极之间的电压的关系曲线，如图 5－1－12 所示。从输入特性曲线可知，只有当发射结的正向偏置电压 U_{BE} 大于死区电压时，才产生基极电流 I_B，这时三极管处于正常放大状态。

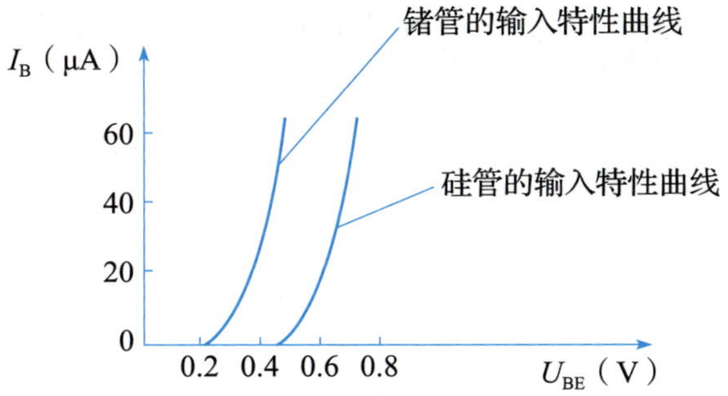

图 5－1－12　三极管的输入特性曲线

（2）输出特性曲线。

输出特性曲线是指当基极电流 I_B 为某一常数时，集电极电流 I_C 与集电极到发射极之间的电压 U_{CE} 的关系曲线，如图 5－1－13 所示。从三极管的输出特性曲线可知，三极管的工作状态可以分成 3 个区域：截止区、放大区和饱和区。

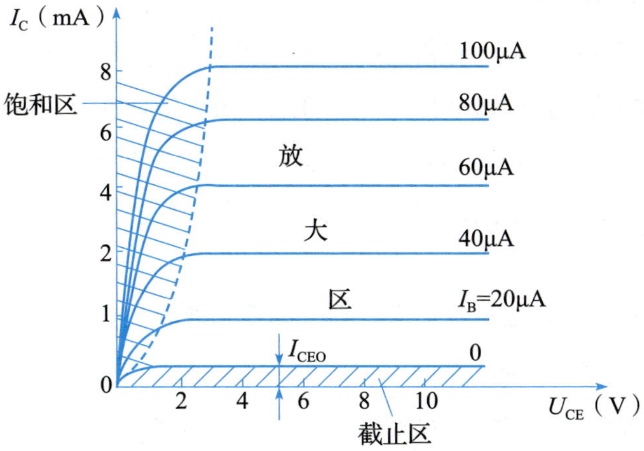

图 5－1－13　三极管的输出特性曲线

（3）三极管的主要参数。

1）电流放大系数：电流放大系数有共发射极直流放大系数$\bar{\beta}$ 和共发射极交流放大系数 β，对于性能良好的三极管，$\bar{\beta}\approx\beta$，二者不再严格区分。

2）穿透电流（I_{CEO}）：基极开路（$I_B=0$）时，集电极和发射极之间的反向电流称为穿透电流。

3）集电极最大允许电流（I_{CM}）：三极管正常工作时，集电极所允许的最大电流称为集电极最大允许电流。

4）反向击穿电压（U_{CEO}）：基极开路时，加在集电极和发射极之间的最大允许电压称为反向击穿电压。

5）集电极最大耗散功率（P_{CM}）：三极管正常工作时，集电极所允许的最大平均功率称为集电极最大耗散功率。

任务实施

一、任务导入

使用数字万用表判断常用普通二极管的正、负极，并检测普通二极管和发光二极管的性能；判断常用三极管的引脚及管型，并检测三极管的性能。

二、工作过程

1. 用数字万用表检测二极管

（1）辨别出二极管的正负极，有白线的一端为负极，另一端为正极。

（2）将万用表上的旋钮拨到通断挡位，并将红、黑表笔插在万用表的正确位置。

（3）将红表笔接二极管正极，黑表笔接负极。然后观察屏幕读数，如果满溢（即显示1），则说明二极管已坏；若有读数，则交换表笔，若还有读数且不满溢，也说明二极管已坏。

（4）对于发光二极管，若二极管正常，则可以看到微弱的亮光。长脚为正极。

2. 用数字万用表检测三极管

（1）首先将数字万用表功能旋钮置于二极管挡（蜂鸣挡），然后将红表笔接在某一只引脚上不动，用黑表笔分别测量另外两只引脚，如果两次测量的读数相同，说明红表笔接的电极为基极且该三极管为 NPN 型。否则红表笔换一只引脚重测。

（2）将黑表笔接在某一只引脚上不动，用红表笔分别测量另外两只引脚，如果两次测量的读数相同，说明黑表笔接的电极为基极且该三极管为 PNP 型。否则黑表笔换一只引脚重测。

（3）用万用表的 hFE 挡判别集电极和发射极。

三、小组讨论

（1）把 N 型半导体和 P 型半导体放在一起就能形成 PN 结吗？

（2）三极管可以放大电流，那么可以放大电压吗？

（3）二极管可以作为开关使用吗？

四、考核评价

首先由学生根据操作任务的完成情况进行自评，然后同一小组内的同学进行互评，最后由授课教师进行综合评价。考核评价表见表 5-1-1。

表 5-1-1　考核评价表

任务内容	评分标准	配分	自评	互评	综合评价
二极管的检测	会使用数字万用表检测普通二极管和发光二极管	30			
三极管的检测	会使用数字万用表判别三极管的类型；区分三极管的 3 个极	40			
职业素养与规范	着装规范（5 分） 准备工作充分（5 分） 遵守安全操作规程（10 分） 整理操作台（5 分） 不迟到早退（5 分）	30			
总分					
自评人：	小组成员：		日期：		
教师评价意见：					

任务二　放大电路的分析与调试

放大电路是应用最为广泛的电子电路之一，也是构成其他电子电路的基本单元，三极管是放大电路的核心元件。放大电路的本质是对变化的输入信号具有放大作用。在变化的输入信号的作用下，可通过三极管将直流电源提供的能量转换为跟随输入信号变化的输出信号。因此，放大电路实质上是一个受输入信号控制的能量转换器。

知识链接

一、三极管的放大作用

以图 5-2-1 所示的 NPN 型三极管为例，电源 E_C 给三极管集电结提供反向电压，电源 E_B 给三极管发射结提供正向电压。三极管在外加电压的作用下，形成基极电流、集电极电流和发射极电流，成为电流放大器件。电路接通后就有 3 支电流流过三极管，即基极电流 I_B、集电极电流 I_C 和发射极电流 I_E，3 个电流的关系为 $I_E=I_B+I_C$，集电极电流 I_C 与基极电流 I_B 的关系为 $I_C \approx \beta I_B$，常数 β 称为三极管的电流放大倍数。不同型号的三极管的 β 值不同，绝大多数三极管的 β 值范围为 50～150，三极管功率越大 β 值越小。

5-3　三极管的应用

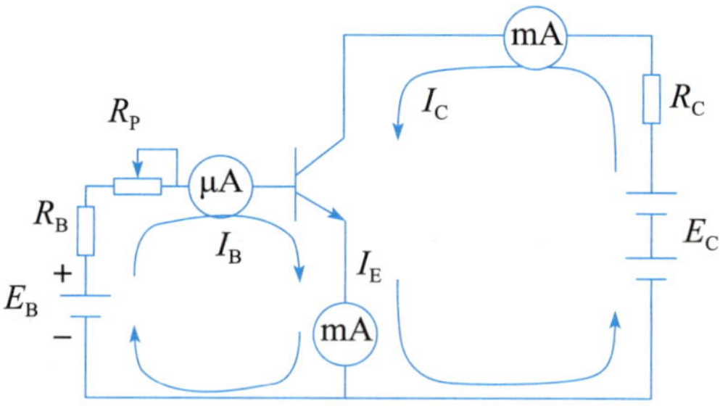

图 5-2-1　三极管各电极电流分配及电流放大作用

1. 当 $U_{BE} \leqslant 0.5V$ 时

当 $U_{BE} \leqslant 0.5V$ 时，I_B 约为 0，I_C 也为 0（此时三极管内 C 与 E 间相当于一只无穷大的电阻），I_C 为 0 称为三极管“截止”，截止时，$U_C > U_B$。

2. 当 0.5V<U_{BE}<0.7V 时

当 0.5V<U_{BE}<0.7V 时，I_B 随 U_{BE} 成近似正比变化，I_C 也与 I_B 成近似正比变化，表明三极管处于“放大”状态。这种状态下，三极管内 C 与 E 间相当于一只阻值可变的电阻，U_{CE} 随 U_{BE} 变化而变化。

3. 当 U_{BE}≥0.7V 时

当 U_{BE}≥0.7V 时，U_{BE} 若再增大，会使 I_B 进一步增大，过大的 I_B 会导致三极管发热太多而损坏。I_C 达到最大值后不再随 I_B 成比例增大。此时的状态称为三极管“饱和”。饱和时，U_{CE} 很低，称为饱和压降，一般情况下 U_{CE}<0.1V。

可见，三极管基极电流 I_B 的微小变化，可控制集电极电流 I_C 较大的变化。这就是三极管的电流放大作用。实质上，三极管的放大作用是用“小电流”控制“大电流”，而不是对能量进行放大，所以说三极管是一种“电流控制”型电子元件。PNP 型三极管的截止电压为 0.2～0.3V，其放大作用的条件是 U_E>U_B>U_C。

二、单级放大电路

5-4 单级放大电路

1. 基本共射放大电路

基本共射放大电路如图 5-2-2 所示。

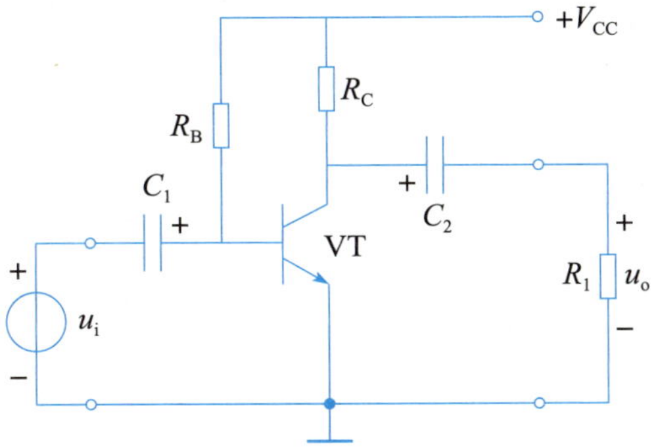

图 5-2-2 基本共射放大电路

图 5-2-2 中各元件的作用如下：单晶体管 VT 对电流进行放大；直流电源 V_{CC} 使晶体管的发射结正偏、集电结反偏，确保晶体管工作在放大状态，它又是整个放大电路的能量提供者；基极电阻 R_B 提供合适的基极偏置电流；集电极电阻 R_C 将电流放大转换为电压放大；耦合电容 C_1、C_2 进行隔直通交。

（1）静态工作点的设置。

放大器的工作状态分为静态和动态。静态是指无交流信号输入时，电路中的电压、电流都不变的状态。

静态工作点 Q：放大电路在静态时，晶体管各极电压和电流值（主要指 I_{CQ}、I_{BQ}、I_{CEQ}）代表输入和输出特性曲线上的一个点，故习惯上称为静态工作点。静态工作点的设置应保证晶体管在信号的整个周期内都处于放大状态。

设置静态工作点的原因：避免出现饱和失真和截止失真。

（2）静态工作点的分析。

1）直流通路。

无输入信号时电路中只有直流量，而没有交流量，此时电路中的电容相当于开路，这样的电路称为直流通路，如图 5-2-3 所示。直流通路只用于分析静态工作点。

2）静态工作点的估算。

$$I_{BQ}=\frac{V_{CC}-U_{BEQ}}{R_B} \tag{5-4}$$

$$I_{CQ}\approx\beta I_{BQ} \tag{5-5}$$

$$U_{CEQ}=V_{CC}-R_C \tag{5-6}$$

（3）放大电路的交流性能分析。

1）交流通路。

只考虑交流信号形成的电流的通路称为交流通路，如图 5-2-4 所示。在交流通路中，直流电压源和耦合电容相当于短路；交流通路用于分析交流性能。

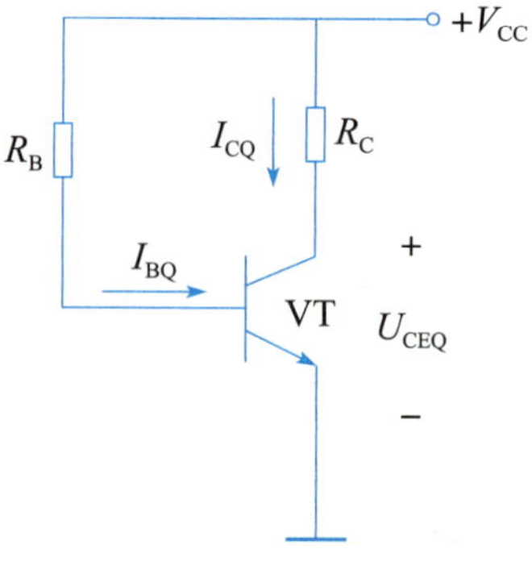

图 5-2-3　直流通路

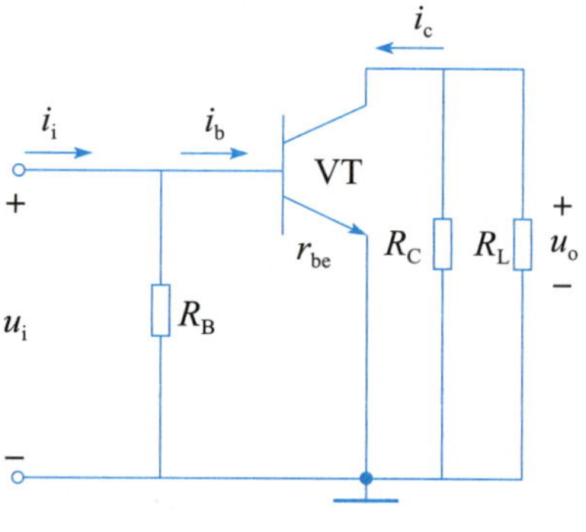

图 5-2-4　交流通路

2）输入电阻 R_i。

输入电阻 R_i 是反映放大电路从信号源索取电流大小的主要参数，$R_i=R_B//r_{be}\approx r_{be}$。输入电阻越大，放大电路输入端得到的电压 u_i 越接近信号源电压 u_s，通常应设法提高电路的输入电阻。

3）输出电阻 R_o。

从输出端看放大器，其内阻是放大电路的输出电阻。输出电阻越小，放大器带负载的能力越强，通常希望放大电路的输出电阻 R_o 要小一些。

4）电压放大倍数。

电压放大倍数是指输出电压与输入电压之比，电压放大倍数是衡量放大电路放大能力的指标。

2. 分压式偏置放大电路

分压式偏置放大电路的组成：上、下偏置电阻 R_{B1} 和 R_{B2} 串联分压，使静态时三极管的基极电位固定，发射极电阻 R_E 起直流负反馈作用，旁路电容 C_E 可使发射极交流接地，使电阻 R_E 对电路交流工作无影响。分压式偏置放大电路如图 5-2-5 所示。

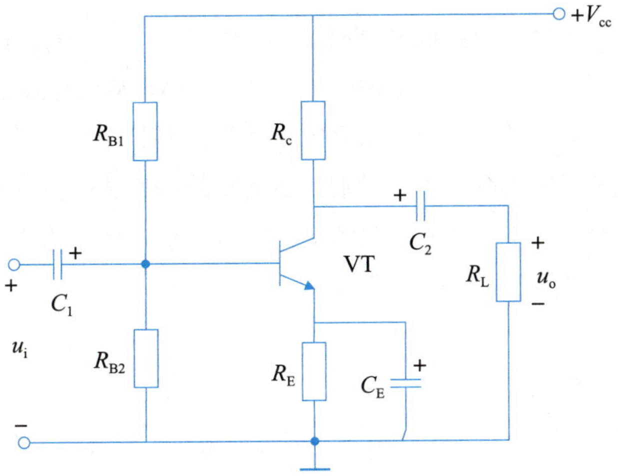

图 5-2-5　分压式偏置放大电路

分压式偏置放大电路的直流通路如图 5-2-6 所示。

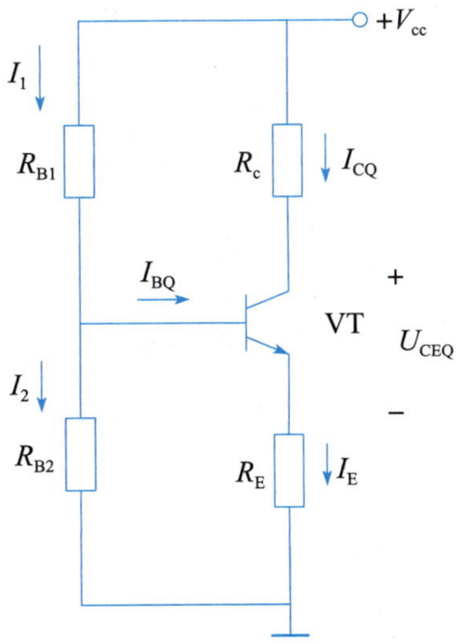

图 5-2-6　分压式偏置放大电路的直流通路

电路的静态工作点计算如下：

$$V_{BQ}=\frac{R_{B2}}{R_{B1}+R_{B2}}V_{CC}$$

$$I_{CQ}\approx I_{EQ}=\frac{V_{BQ}-U_{BEQ}}{R_E}$$

$$I_{BQ}=\frac{I_{CQ}}{\beta}$$

$$U_{CEQ}=V_{CC}-(R_C+R_E)I_{CQ}$$

静态工作点的稳定原理：当温度升高时，I_{CQ} 会增大，I_{EQ} 随之增大，V_{EQ} 也会增大，V_{BEQ} 等于 V_{BQ} 减去 V_{EQ}，所以 V_{BEQ} 会减小，I_{BQ} 也会减小，从而导致 I_{CQ} 减小。

分压式偏置放大电路通过电阻分压来固定三极管的基极电位 V_{BQ}，从而使放大电路的 I_{CQ} 和 U_{CEQ} 基本不受三极管参数变化的影响，使电路的静态工作点基本稳定。分压式偏置放大电路的交流通路和基本共射放大电路的交流通路相似，所以输入、输出电阻，以及电压放大倍数的计算与基本共射放大电路类似。

3. 射极输出器

（1）射极输出器的组成。

射极输出器的电路如图 5－2－7（a）所示，直流通路如图 5－2－7（b）所示。由图 5－2－7（c）所示的交流通路可以看出：三极管的基极为输入端，发射极为输出端，集电极为输入与输出回路的公共端，因此该电路称为共集电极放大电路。由于它的输出端是发射极，所以又称为射极输出器。

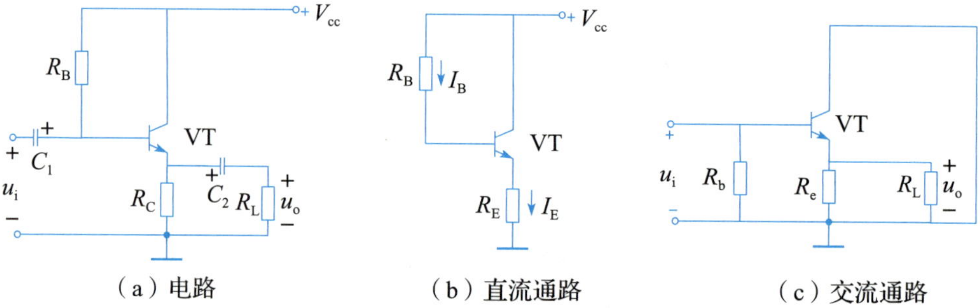

图 5－2－7　射极输出器

（2）射极输出器的电路特点。

1）输入与输出电压同相且近似相等。

2）电压放大倍数小于 1 且近似为 1。

3）电路无电压放大作用，却有电流和功率放大作用。

4）电路的输入电阻高，可减小放大电路从信号源索取的电流，以降低信号源的功率容量，在多级放大器中多用作输入级。

5）输出电阻小，带负载能力强。当放大器接入负载或负载变化时，对放大器的影响小，可以保持输出电压的稳定，所以可用作多级放大器的输出级。

4. 总结

单级放大电路能将微弱的电信号放大，而要正确地放大信号，必须有稳定的静态工作点。分压式偏置放大电路具有自动稳定工作点的能力，是电子电路中最常用的电路之一。射极输出器是一种无电压放大能力的电路，但它仍具有电流放大和功率放大能力，在电子电路中主要用作两级共射放大电路之间的隔离级。

三、多级放大电路

1. 多级放大电路的组成

多级放大电路的一般结构框图如图 5－2－8 所示。在多级放大电路中，与信号源相接的称为第一级或输入级，与负载相接的称为末级或输出级，其余各级统称为中间级。多级放大电路的工作过程：输入级从信号源得到信号，放大后送给下一级（第二级），放大后再送给下一级（第三级），以此类推，最后传输到负载。显然，前一级为后一级的信号源，后一级为前一级的负载。因此，级与级之间就存在着如何连接，以及信号如何传递的问题。信号传递方式称为信号耦合，一般分为阻容耦合、变压器耦合和直接耦合。

5－5 多级放大电路

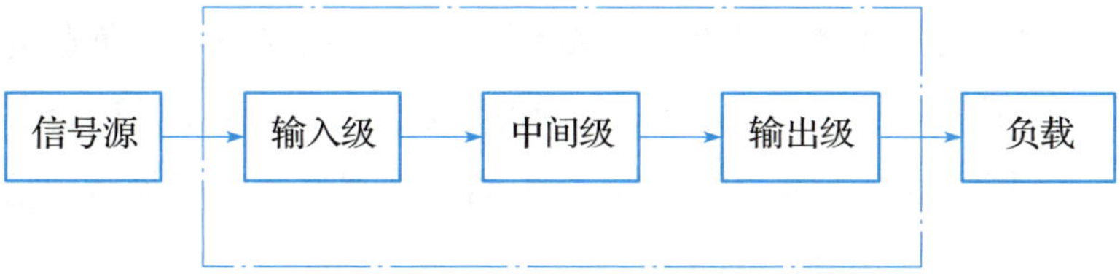

图 5－2－8 多级放大电路的一般结构框图

2. 阻容耦合

阻容耦合两级放大电路如图 5－2－9 所示，第一级和第二级放大电路之间是通过电容 C_2 进行耦合的。

（1）电路特点。

电路的静态工作点彼此独立，分析计算方法与单级电路相同；阻容耦合电路不适合放大变化缓慢的信号，只能放大频率较高的交流信号，因此也称为交流放大器。由于在集成电路中制造较大容量的电容比较困难，因此集成电路中一般不采用阻容耦合方式。

（2）交流性能分析。

有信号输入时，由于电容容量较大，对交流呈现很低的阻抗，与电阻 R_i 相比，其值可

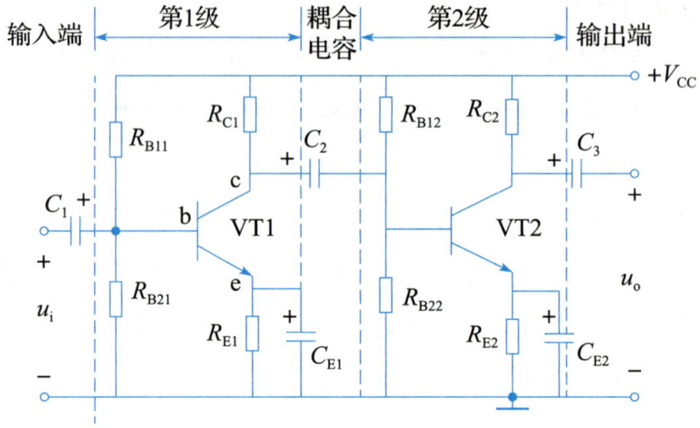

图 5-2-9　阻容耦合两级放大电路

以忽略，动态指标包括电压的放大倍数等于各级电压放大倍数的乘积，输入电阻为第一级的输入电阻，输出电阻为最后一级的输出电阻。

电压放大倍数：$A_u=A_{u1}\cdot A_{u2}\cdots A_{un}$

输入电阻：$R_i=R_{i1}$

输出电阻：$R_o=R_{on}$

3. 变压器耦合

变压器耦合两级放大电路如图 5-2-10 所示。两级之间是通过变压器 T_1 进行耦合的，由于变压器具有隔直作用，因此各级的静态工作点是相互独立的。对交流信号而言，变压器起传输作用。此外，变压器还具有阻抗变换作用，即通过变压器将负载电阻变换成放大器所需要的最佳负载值，以使放大器获得最大功率输出，因此变压器耦合方式适用于功率放大电路。变压器耦合放大电路的主要缺点是不能放大直流和频率很低的信号，而且变压器的体积和重量都比较大，不利于集成化。

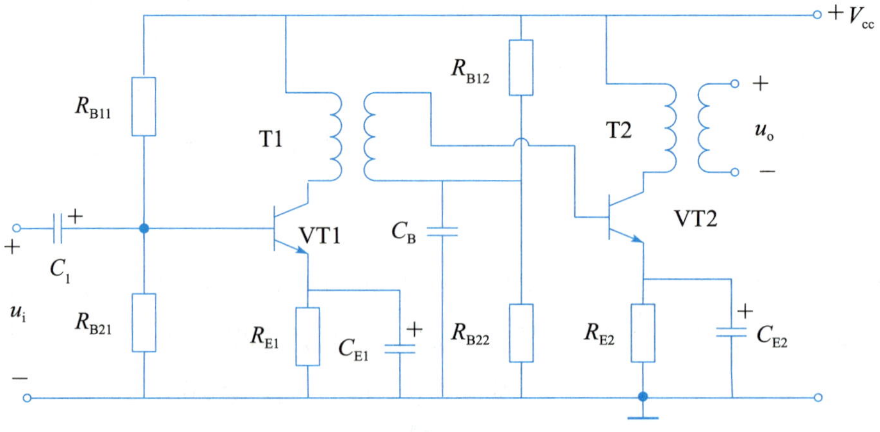

图 5-2-10　变压器耦合两级放大电路

4. 直接耦合

两级直接耦合放大电路如图 5-2-11 所示。电路中，级与级之间既不用电容，也不用变压器，而是用导线、电阻或二极管等元件连接。

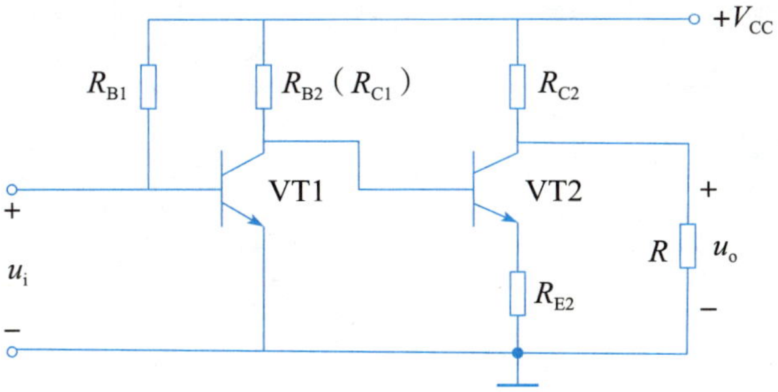

图 5-2-11　两级直接耦合放大电路

两级直接耦合放大电路的静态工作点不独立；零输入与零输出，为满足这一点，需要加正、负双电源，且配置适当；为了抑制零点漂移，经常采用差动放大电路作为输入级。直接耦合电路既能放大交流信号，也能放大直流信号，因此也称为直流放大电路。直接耦合多级放大电路通常用于集成电路中。

5. 总结

阻容耦合、变压器耦合和直接耦合三种多级放大电路都是电子设备中常见的电路。前两种放大电路的主要优点是各级静态工作点互相独立，缺点是都不适合放大低频信号，且不便于集成。直接耦合放大电路的主要优点是能同时放大交、直流信号，且便于集成，缺点是各级静态工作点相互牵制，静态工作点的调整较麻烦。

四、负反馈放大电路

5-6　放大电路中的负反馈

1. 反馈的基本概念

反馈是指将输出信号的一部分或全部引回输入回路，与输入信号进行比较（相加或相减），然后用比较所得的偏差信号控制输出信号。反馈放大器方框示意图如图 5-2-12 所示。

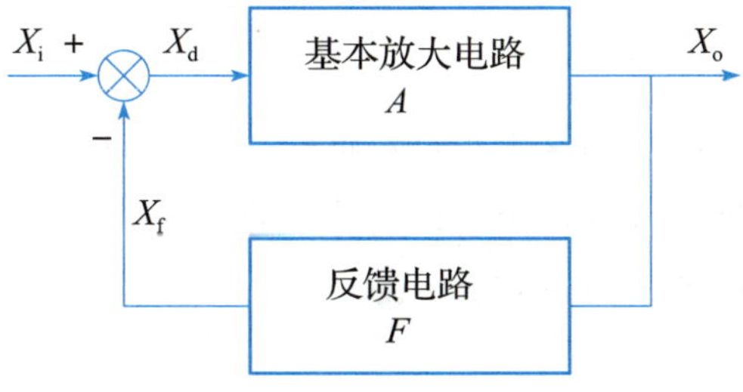

图 5-2-12　反馈放大器方框示意图

2. 反馈性质的判断

（1）有、无反馈的判断。

判断有、无反馈，首先看在放大电路中输出端与输入端有、无电路连接，如果有电路连接，就有反馈，否则就没有反馈。单级有、无反馈放大电路如图 5-2-13 所示。

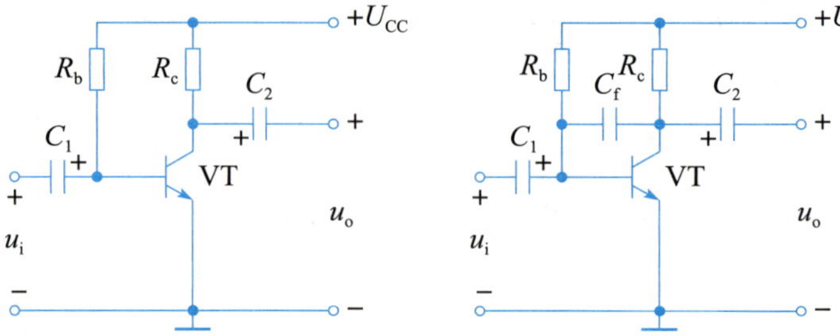

（a）单级无反馈放大电路　（b）单级有反馈放大电路

图 5-2-13　单级有、无反馈放大电路

（2）交、直流反馈的判断。

按反馈信号的交直流成分可以分为直流（静态）反馈和交流（动态）反馈，如图 5-2-14 所示。

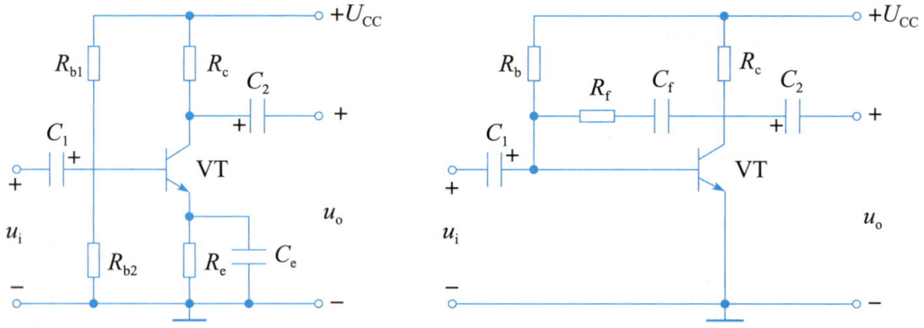

（a）单级直流反馈放大电路　（b）单级交流反馈放大电路

图 5-2-14　单级交、直流反馈放大电路

直流反馈：反馈信号是直流量，影响电路的直流性能。

交流反馈：反馈信号是交流量，影响电路的交流性能。

（3）正、负流反馈的判断。

通常采用电压瞬时极性法判断反馈极性。简单地说，就是假设输入（信号）极性，看反馈效果。若反馈信号加强了输入信号，则为正反馈；若反馈信号削弱了输入信号，则为负反馈。正、负反馈电路如图 5-2-15 所示。

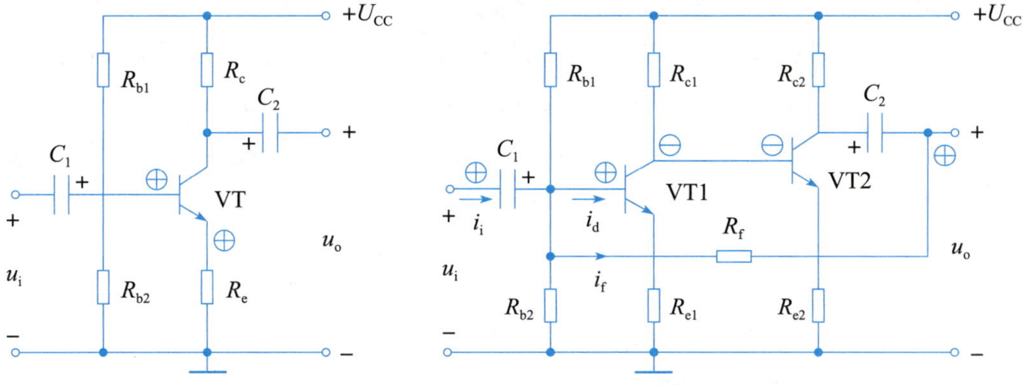

（a）单级负反馈电路　　（b）多级正反馈电路

图 5-2-15　正、负反馈电路

3. 负反馈四种类型的判断

（1）电压反馈和电流反馈。

按反馈信号和输出信号的关系，负反馈分为电压反馈和电流反馈两类。电压反馈的反馈信号 u_f（或 i_f）与输出电压 u_o 成正比。电流反馈的反馈信号 u_f（或 i_f）与输出电流 i_o 成正比。

判定电压反馈和电流反馈可采用输出端短接法。假定把放大器负载短接（$R_L=0$），即令 $u_o=0$，此时如果反馈信号也为 0，则为电压反馈，否则为电流反馈。

（2）串联反馈和并联反馈。

若在输入回路中，反馈信号与输入信号串联在放大器净输入端，则为串联反馈。若在输入回路中，反馈信号与输入信号并联在放大器净输入端，则为并联反馈。

综上所述，放大器中负反馈可以组合成四种类型：电压串联负反馈、电压并联负反馈、电流串联负反馈、电流并联负反馈。

【例 5-1】 判断图 5-2-16 所示电路的反馈类型。

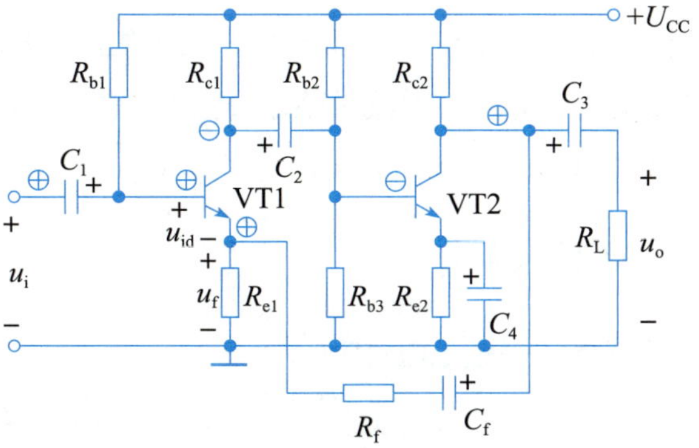

图 5-2-16　反馈电路

解： 找出联系输出与输入的反馈网络，这里 R_f 和 C_f 支路为反馈网络，由于电容 C_f 起隔直作用，反馈信号只有交流量，因此是交流反馈。用瞬时极性法判断反馈极性：假设输入信号电压 u_i 对地的瞬时极性为“+”的时刻，各处电压极性如图 5－2－16 所标的“+”和“－”，可知输入信号电压 u_i 与反馈信号 u_f 实际上是相减的，所以是负反馈放大电路。

净输入信号：$u_{id}=u_i-u_f$，所以是串联反馈。

反馈信号：$u_f=\frac{R_{e1}}{R_{e1}+R_f}u_o$，若 $u_o=0$，则 $u_f=0$，所以是电压负反馈。

故该电路为电压串联交流负反馈。

4. 负反馈对放大电路性能的影响

（1）负反馈对放大倍数的影响：负反馈可以降低放大电路的放大倍数，并稳定放大倍数。

（2）负反馈对输入电阻的影响：串联负反馈可使输入电阻增大，并联负反馈可使输入电阻减小。

（3）负反馈对输出电阻的影响：电压负反馈可使输出电阻减小，电流负反馈可使输出电阻增大。

（4）负反馈使放大电路的非线性失真减小。

（5）负反馈可以展宽通频带和减小放大器的内部噪声。

任务实施

一、任务导入

随着社会的进步和经济的发展，人们的夜生活越来越丰富，夜晚的城市霓虹闪烁，那么设计出更加省电的 LED 闪烁灯就具有十分重要的意义。一般的 LED 发光二极管都需要 1.5V 以上的电压驱动才能点亮，其中红色和黄色的 LED 的工作电压为 1.8～2.2V，绿色和蓝色的 LED 的工作电压为 3～3.6V。本任务采用特殊接法的低电源电压的光控式 LED 闪烁灯，只用 1.5V 电压即可驱动红色 LED 闪光。

5－7　低电压光控 LED 闪烁灯

二、工作过程

设计低电压光控 LED 闪烁灯

（1）任务要求：通过光控制 LED 灯的闪烁：有光时 LED 熄灭，无光或光照弱时 LED 闪烁。

（2）电路设计：利用三极管的放大功能实现低电压驱动红色 LED 闪光，达到节能减排的目的。

（3）参考电路：参考电路如图 5－2－17 所示（本电路只作为参考，鼓励学生自行设计）。

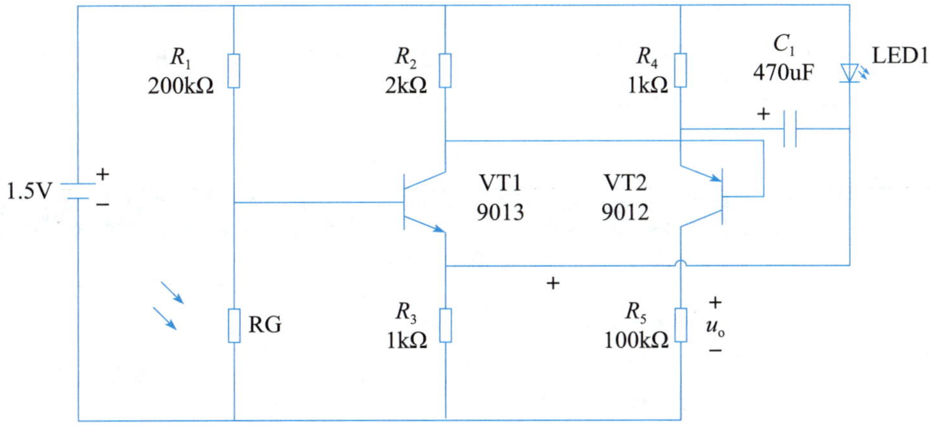

图 5－2－17　低电压光控 LED 闪烁灯参考电路

（4）工作原理：三极管 VT1、VT2 组成互补型超低频振荡器，振荡依靠电容 C_1 的正反馈来完成。白天，光敏电阻器 RG 受光照，其电阻值较小，VT1 基极电位降低，所以 VT1 处于截止状态，振荡器停止振荡，发光二极管 LED1 不发光。夜间，没有光照射 RG，电阻值变大，VT1 基极电位升高，当升至 0.7V 左右时，振荡器开始振荡，VT2 处于导通和截止的交替状态。当 VT2 截止时，电源通过 R_4、R_3 向电容 C_1 充电，使 C_1 获得“左正右负”的电压，其电压值接近电源电压 1.5V。当 VT2 导通时，电容 C_1 存储的电荷就通过 VT2 的发射极、集电极和电源叠加向 LED1 放电，因此 LED1 可获得接近 3V 的电压而发光。当 VT2 不断导通与截止时，LED1 便会闪烁发光。

（5）电路调试：本电路只要接线无误，通电后 LED1 就会闪烁发光。

如果要改变 LED1 的闪光频率，增、减电容 C_1 的容量即可：C_1 容量大，闪光频率低；C_1 容量小，闪光频率高。但 C_1 的容量不能过小，否则会导致它储存的电量过小，不能点亮 LED1。

增、减电阻 R_1 的阻值可以调节电路的光控灵敏度：R_1 阻值大，光控灵敏度低，即在环境光线较暗的情况下 LED1 才能闪烁发光；R_1 阻值小，光控灵敏度高，即在环境光线不太暗的情况下 LED1 就能闪烁发光。如果取消光敏电阻器 RG，闪烁灯就不受光线控制，不论白天或黑夜，只要通电，LED1 便会闪闪发光。

本电路可用于儿童玩具或工艺摆件，实现只用单节电池即可驱动 LED 工作的目的。

三、小组讨论

（1）若没有直流电源，共射放大电路能放大信号吗？

（2）共射放大电路的输入电阻和输出电阻是越大越好还是越小越好？

（3）输入信号可以不经过隔直电容就直接接在放大器的输入端吗？

四、考核评价

首先由学生根据操作任务的完成情况进行自评，然后同一小组内的同学进行互评，最后由授课教师进行综合评价。考核评价表见表 5-2-1。

表 5-2-1　考核评价表

任务内容	评分标准	配分	自评	互评	综合评价
电路的焊接	焊点牢固、美观；正确使用电烙铁	30			
低电压光控 LED 闪烁灯电路的制作	电路设计合理；调试后的电路能够实现预期功能	40			
职业素养与规范	着装规范（5 分） 准备工作充分（5 分） 遵守安全操作规程（10 分） 整理操作台（5 分） 不迟到早退（5 分）	30			
总分					
自评人：	小组成员：		日期：		
教师评价意见：					

任务三　直流稳压电源的分析与调试

生活中，交流电的应用最为广泛。有些需要用到直流电的地方，通常也是对交流电进行一系列转换而获得直流电。常用的直流稳压电源一般由电源变压器、整流电路、滤波电路和稳压电路组成。

知识链接

一、单相整流电路

5－8　整流电路　　5－9　整流电路动画

1. 概念

可将交流电转变成单向脉动直流电的电路称为单相整流电路。

2. 单相半波整流电路

单相半波整流电路由整流变压器 T、整流二极管 VD 和负载电阻 R_L 组成。单相半波整流电路及波形图如图 5－3－1 所示。

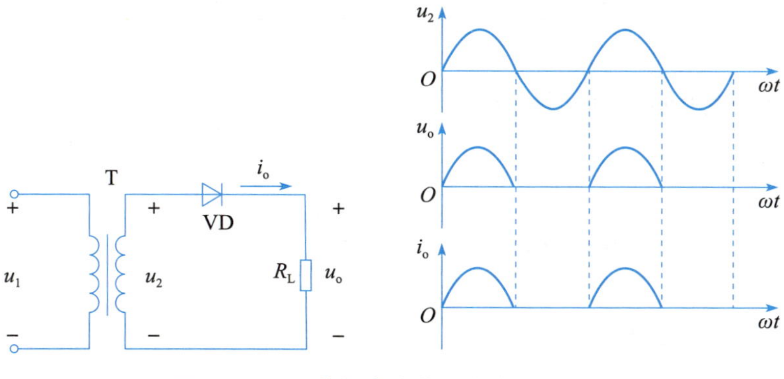

图 5－3－1　单相半波整流电路及波形图

单相半波整流输出电压的平均值：

$$U_o=0.45U_2 \quad (5-7)$$

流过负载电阻 R_L 的电流平均值：

$$I_o=\frac{U_o}{R_L}=0.45\frac{U_2}{R_L} \quad (5-8)$$

流经二极管的电流平均值与负载电流平均值相等：

$$I_D = I_o = 0.45\frac{U_2}{R_L} \tag{5-9}$$

二极管截止时承受的最高反向电压为 U_2 的最大值：

$$U_{RM} = U_{2m} = \sqrt{2}U_2 \tag{5-10}$$

3. 单相桥式整流电路

单相桥式整流电路由电压变压器 T、4 个接成电桥形式的二极管 VD1～VD4，以及负载 R_L 组成。单相桥式整流电路及波形图如图 5-3-2 所示。

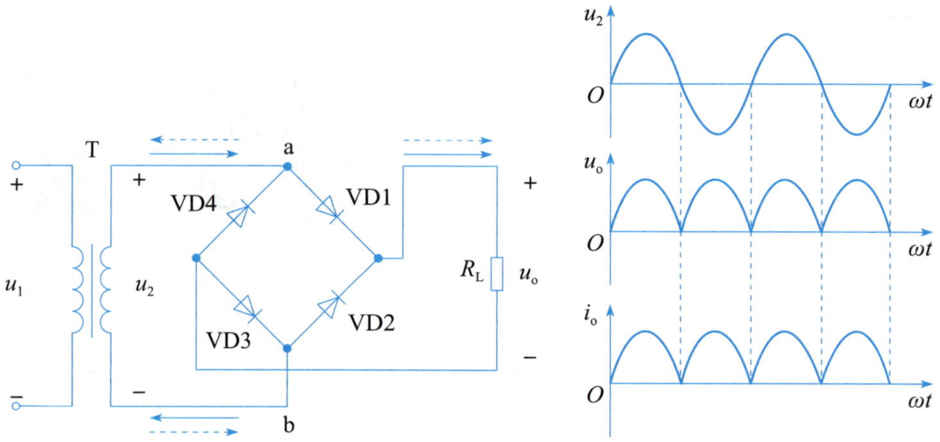

图 5-3-2　单相桥式整流电路及波形图

单相桥式整流输出电压的平均值：

$$U_o = 0.9U_2 \tag{5-11}$$

流过负载电阻 R_L 的电流平均值：

$$I_o = \frac{U_o}{R_L} = 0.9\frac{U_2}{R_L} \tag{5-12}$$

流经每个二极管的电流平均值：

$$I_D = \frac{1}{2}I_o = 0.45\frac{U_2}{R_L} \tag{5-13}$$

每个二极管在截止时承受的最高反向电压：

$$U_{RM} = U_{2m} = \sqrt{2}U_2 \tag{5-14}$$

4. 整流桥

目前，电子电路或电气设备中广泛使用整流桥作为整流器件。整流桥是指将多个整流二极管构成的一个完整的整流电路封装在一个器件中，又称整流桥堆。整流桥分为三相整流桥、单相整流桥、全桥整流桥和半桥整流桥。整流桥具有体积小、可靠性高、使用方便等特点，用于工频整流、高频整流和高压整流等。整流桥的实物图和原理图如图 5－3－3 所示。

（a）全桥整流桥　（b）半桥整流桥　（c）全桥整流桥原理图

图 5－3－3　整流桥的实物图和原理图

二、滤波电路

5－10　滤波电路

1. 概念

滤波电路是指可将脉动较大的直流电压转变为平直的脉动较小的直流电压的电路。

2. 电容滤波电路

（1）单相半波整流电容滤波电路。

在单相半波整流电路的输出端并联一个电解电容器即构成单相半波整流电容滤波电路。单相半波整流电容滤波电路及波形图如图 5－3－4 所示。

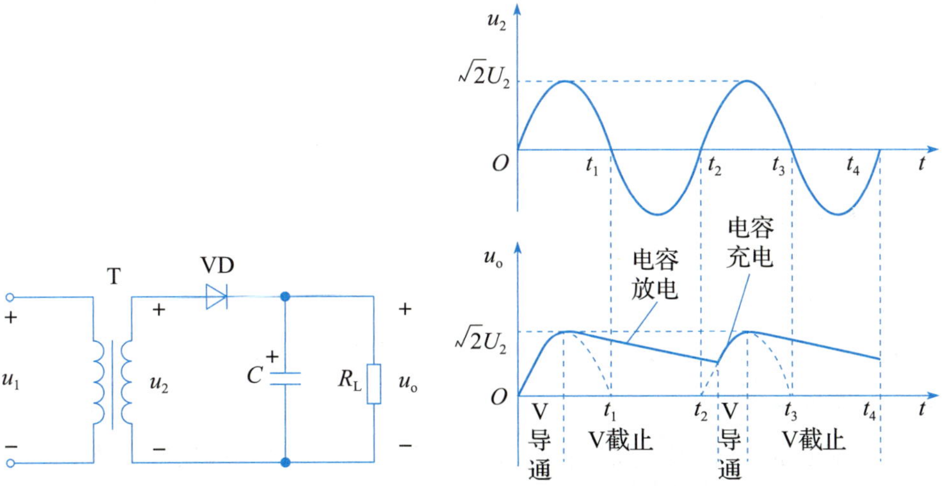

图 5－3－4　单相半波整流电容滤波电路及波形图

单相半波整流电容滤波电路的负载上得到的输出电压（估计值）为：

$$U_o = U_2 \tag{5-15}$$

单相半波整流电容滤波电路中的二极管承受的最大反向电压为：

$$U_{Rm} = U_{2m} + U_{Cm} = \sqrt{2}U_2 + \sqrt{2}U_2 = 2\sqrt{2}U_2 \tag{5-16}$$

（2）单相桥式整流电容滤波电路。

在单相桥式整流电路的输出端并联一个电容量很大的电解电容器即构成单相桥式整流电容滤波电路。单相桥式整流电容滤波电路及波形图如图 5-3-5 所示。

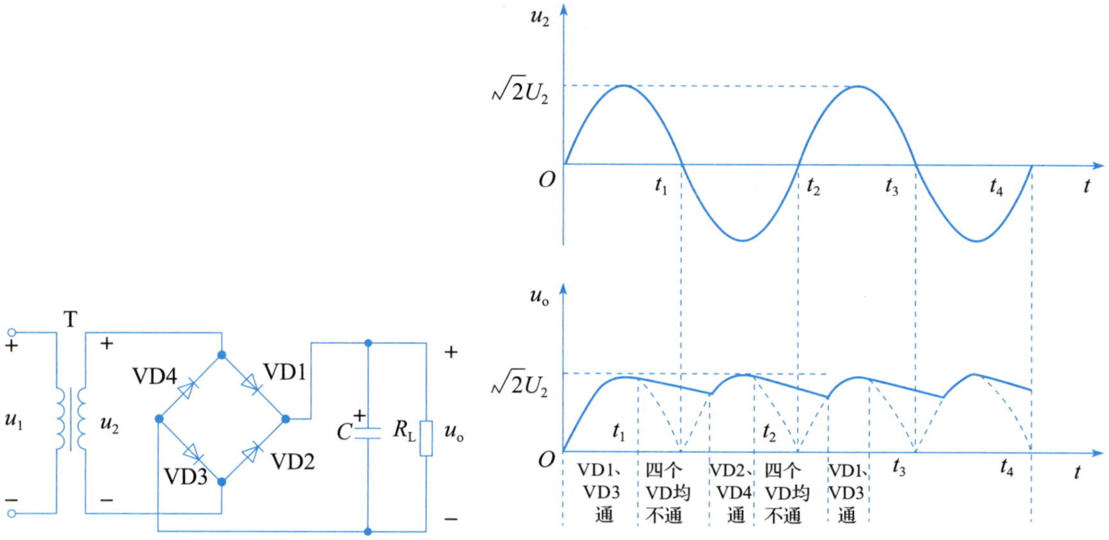

图 5-3-5　单相桥式整流电容滤波电路及波形图

单相桥式整流电容滤波电路的负载上得到的输出电压为：

$$U_o = 1.2U_2 \tag{5-17}$$

若输出端空载，则：

$$U_o = 1.4U_2 \tag{5-18}$$

单相桥式整流电容滤波电路中的二极管承受的最大反向电压为：

$$U_{RM} = U_{2m} = \sqrt{2}U_2 \tag{5-19}$$

电容滤波的特点：电路结构简单，输出电压高，脉动小，只适用于负载电流较小的场合。

3. 电感滤波电路

在单相桥式整流电感滤波电路中，电感 L 与负载 R_L 串联，即构成电感滤波电路。单相桥式整流电感滤波电路及波形图如图 5-3-6 所示。

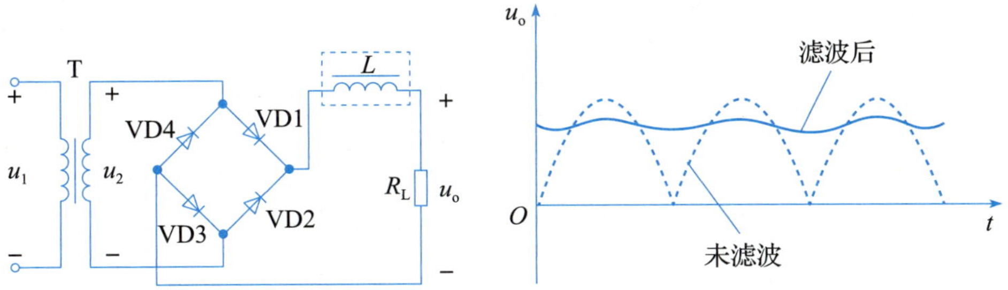

图 5-3-6　单相桥式整流电感滤波电路及波形图

单相桥式整流电感滤波电路输出电压的平均值为：

$$U_o = 0.9U_2 \tag{5-20}$$

电感滤波电路的特点：电感越大滤波效果越好，适用于负载变动大、负载电流较大的场合。

电感滤波电路的缺点是电感量大、体积大、成本高。

三、稳压电路

5-11　稳压电路

1. 作用

当电网电压波动或负载变化时，稳压电路可以使输出电压稳压。

2. 并联型稳压电路

（1）稳压管。

稳压管正向特性与普通二极管相似，稳压管工作于反向击穿区，电流在一定范围内变化时，其端电压能保持基本不变。稳压管的伏安特性曲线如图 5-3-7 所示。

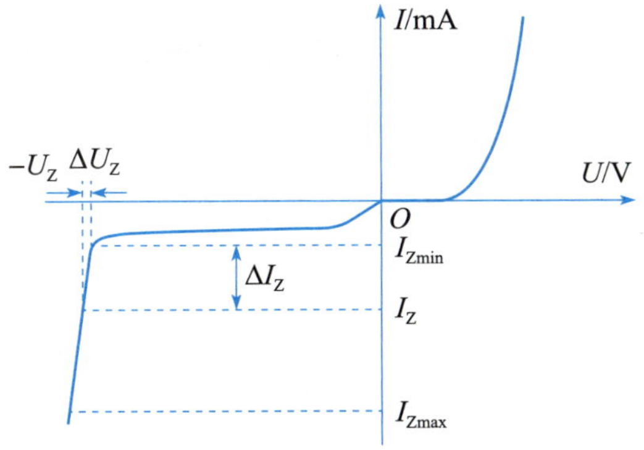

图 5-3-7　稳压管的伏安特性曲线

（2）并联型稳压电路。

并联型稳压电路由限流电阻 R 和稳压管 VD_Z 组成，稳压管反向并联在负载 R_L 两端。

并联型稳压电路如图 5－3－8 所示。

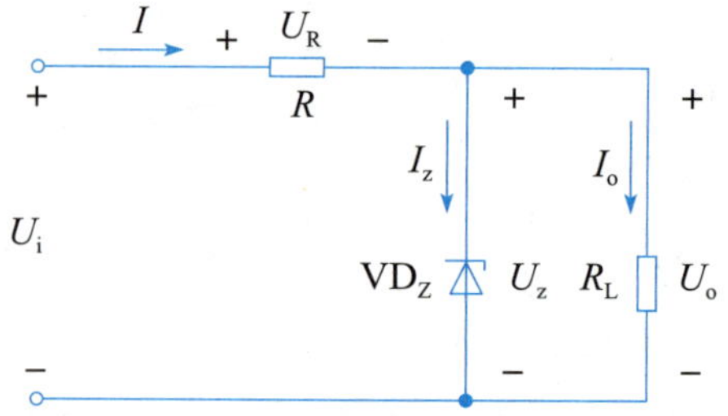

图 5－3－8　并联型稳压电路

工作原理：当输入电压 u_i 增大时，负载两端电压 U_o 随之增大，流过稳压管的电流增大，使电路中的总电流 I 增大，从而导致限流电阻两端电压增大，使负载两端电压 U_o 减小。也就是说，利用稳压管电流的变化，引起限流电阻两端电压的变化，从而达到稳压的目的。

3. 串联型稳压电路

串联型稳压电路包括简单串联型稳压形式和带放大环节的串联型稳压形式。简单串联型稳压电路是在稳压管后增加一级共集放大电路，缺点是稳压效果不好，输出电压不可调。常用的是带放大环节的串联型稳压电路，如图 5－3－9 所示。

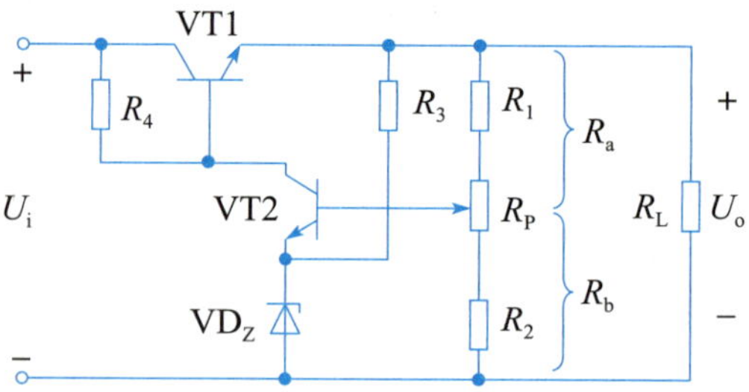

图 5－3－9　带放大环节的串联型稳压电路

（1）取样电路。

取样电路由 R_1、R_P、R_2 组成，将输出电压 U_o 分出一部分送到比较放大电路 VT2 的基极。

（2）基准电压。

由稳压二极管 VD_Z 和电阻 R_3 构成的稳压电路可为比较电路提供一个稳定的基准电压 U_Z，作为调整、比较的标准。

（3）比较放大电路。

比较放大电路是由三极管 VT2 和 R_4 构成的直流放大器，其作用是将取样电压 U_{B2} 与基准电压 U_Z 之差放大后去控制调整管 VT1。

（4）调整电路。

调整电路由工作在线性放大区的功率管 VT1 组成，VT1 的基极电流 I_{B1} 受比较放大电路输出控制，其变化可使集电极电流 I_{C1} 和集、射电压 U_{CE1} 改变，从而达到自动调整稳定输出电压的目的。该电路是依靠电压负反馈来稳定输出电压的。

4. 集成稳压器

集成稳压器将调整环节、比较放大环节、保护环节等做在了一块硅片上，具有操作简便、性能良好、可靠性高的特点。三端式串联型集成稳压器是指仅有输入端、输出端和公共端接线端子的稳压器。W7800 系列和 W7900 系列稳压器的管脚排列如图 5－3－10 所示。

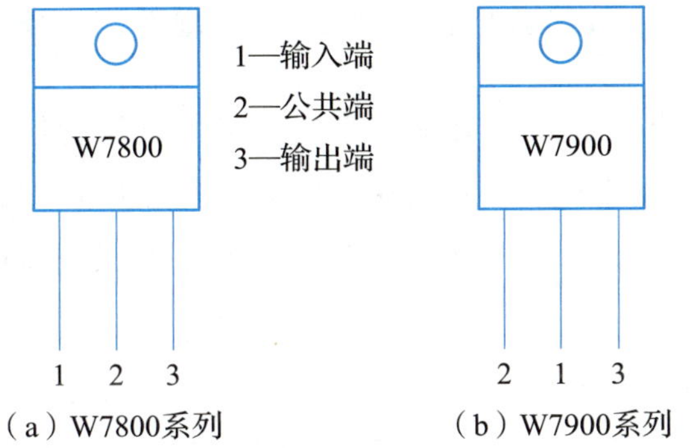

图 5－3－10　W7800 系列和 W7900 系列稳压器的管脚排列

W7800 系列和 W7900 系列三端式串联型集成稳压器基本单元电路接线图如图 5－3－11 所示。

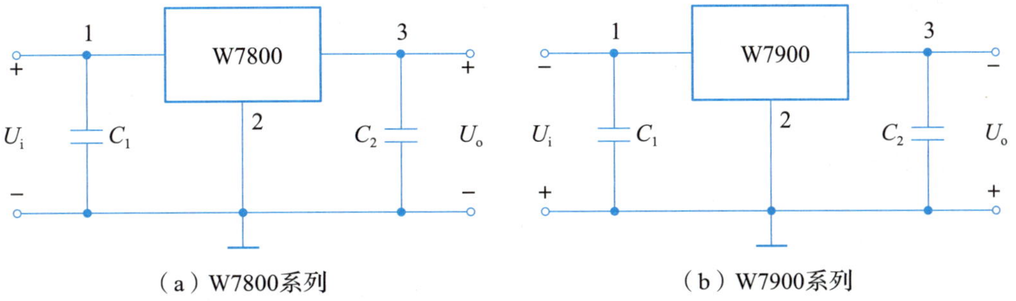

图 5－3－11　三端式串联型集成稳压器基本单元电路接线图

输入电压 U_i 为整流电路输出电压，经过稳压器后，得到稳定的输出电压 U_o。输入端接电容 C_1，用于抑制输入电压的脉动，输出端接电容 C_2，用于抑制负载电压的突变。

5. 总结

直流稳压电源有线性直流稳压电源和开关型直流稳压电源。

（1）线性直流稳压电源。

线性直流稳压电源通常由电源变压器、整流电路、滤波电路和稳压电路 4 部分组成，组成框图和电压变换波形如图 5-3-12 所示。

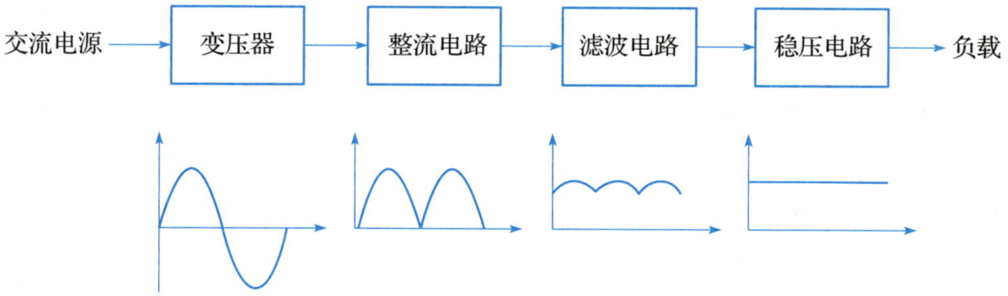

图 5-3-12　线性直流稳压电源组成框图和电压变换波形

变压器的作用是把电网输入的交流电变换为满足直流稳压电源需要的交流电，一般为降压变压器，整流电路可将交流电变成脉动的直流电，滤波电路可使脉动的直流电变得平滑，稳压电路可使输出的直流电在交流电源电压或负载变化时，能够保持基本稳定。

（2）开关型直流稳压电源。

开关型直流稳压电源又称开关电源，是由全波整流器、开关管、激励信号、续流二极管、储能电感和滤波电容组成。开关电源内部的功率开关管工作在高频开关状态，本身消耗的能量很低，电源效率可达 75%～90%，比普通线性稳压电源提高近 1 倍。常见的开关电源有手机充电器、计算机主机中的 ATX 电源，以及液晶电视的供电电源等，它的优点是体积小、质量轻、稳定、可靠等。

任务实施

一、任务导入

将交流电变为直流电的电路称为整流电路，应用最广的整流电路之一是桥式整流电路，它的输出电流大、波形好。本任务将进行桥式整流电路的安装与调试。

二、工作过程

桥式整流电路的安装与调试

（1）准备工作：变压器（220V/24V）1 个，二极管（1N4001）4 个，电阻（4.7kΩ、

0.25W）1 只，熔断器（0.5A）1 个，多功能电路板 1 块，万用表 1 只，示波器 1 台，电烙铁 1 套。

（2）元件的排布：根据图 5－3－13 所示进行元件排布，将各个元件插入洞洞板，特别注意二极管的极性。

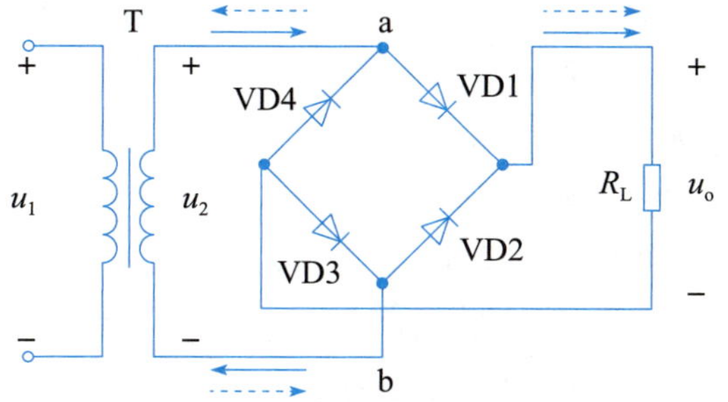

图 5－3－13　单相桥式整流电路

（3）焊接电路：焊接元件和导线。注意将导线插直，在水平或竖直方向贴底走线，弯折处要做成直角，外部与电路板的引线要求穿孔后在背面焊接，所有焊点均采用直脚焊，焊接完成后剪去多余引脚。

（4）电路安装完成后，在通电前需进行检查与调试。检查重点是焊点的牢固程度，以及有无短路点，同时还要检查 4 个二极管的极性是否正确。通电后，使用万用表测量输入电压 u_2 和输出电压 u_o，并使用示波器观察波形，然后将检测结果记录在表 5－3－1 中。

表 5－3－1　检测结果

检测对象	电压值	波形
u_2		
u_o		

三、小组讨论

（1）生活中，哪些家用电器用到了整流电路？

（2）在电源电压为 220V 的情况下，负载电阻发生变化，那么输出电压如何稳定？

（3）若桥式整流电路中的一个二极管接反会出现什么问题？

四、考核评价

首先由学生根据操作任务的完成情况进行自评，然后同一小组内的同学进行互评，最后由授课教师进行综合评价。考核评价表见表 5－3－2。

表 5-3-2　考核评价表

任务内容	评分标准	配分	自评	互评	综合评价
元件的排布	元件排布合理、美观，且与电路图保持一致	30			
电路的调试和波形的观察	调试步骤正确；正确使用示波器；正确使用万用表	40			
职业素养与规范	着装规范（5 分） 准备工作充分（5 分） 遵守安全操作规程（10 分） 整理操作台（5 分） 不迟到早退（5 分）	30			
总分					
自评人：	小组成员：	日期：			
教师评价意见：					

项目小结

（1）半导体：导电能力介于导体和绝缘体之间的物质。半导体分为本征半导体和杂质半导体。

（2）PN 结：采用特定的制造工艺，使一块半导体的两边分别形成 P 型半导体和 N 型半导体，它们的交界面就形成了 PN 结。PN 结具有单向导电性。

（3）二极管实质上就是一个 PN 结，将这个 PN 结封装起来就形成一个二极管，用字母 VD 表示。常见的特殊二极管有稳压管、发光二极管和光电二极管。

（4）三极管有 3 个极，分别是基极 b、集电极 c 和发射极 e，三极管的英文符号为 VT。三极管可分为 NPN 型和 PNP 型。三极管具有电流放大功能。

（5）三极管是放大电路的核心元件。放大电路的本质是对变化的输入信号具有放大作用。在变化的输入信号的作用下，可通过三极管将直流电源提供的能量转换为跟随输入信号变化的输出信号。

（6）多级放大电路由输入级、中间级和输出级三部分组成。

（7）直流稳压电源一般由电源变压器、整流电路、滤波电路和稳压电路组成。

（8）整流电路：可将交流电转变成单向脉动直流电的电路。

（9）滤波电路：可将脉动较大的直流电压转变为平直的脉动较小的直流电压的电路。

（10）稳压电路：当电网电压波动或负载变化时，稳压电路可以确保输出电压稳压。

练习题

一、单选题

1. 导电能力介于导体和绝缘体之间的物质是（　　）。

A. 超导体　　B. 光导体　　C. 半导体　　D. 不确定

2. 以负电荷（自由电子）导电为主的半导体，称为（　　）型半导体。

A. P　　B. N　　C. PN　　D. T

3. 二极管具有（　　）导电性。

A. 单向　　B. 双向　　C. 多向　　D. 不确定

4. 二极管的电压与电流变化不呈线性关系，其内阻不是常数，故二极管属于（　　）器件。

A. 线性　　B. 非线性　　C. 可变性　　D. 不确定性

5. 单相桥式整流电路中含有（　　）个二极管。

A. 1　　B. 2　　C. 3　　D. 4

6. 单相半波整流电路中含有（　　）个二极管。

A. 1　　B. 2　　C. 3　　D. 4

7. 晶闸管外部有（　　）个电极。

A. 1　　B. 2　　C. 3　　D. 4

8. 晶闸管的导通是通过（　　）极控制的。

A. 阳　　B. 阴　　C. 正　　D. 门

9. 负反馈的作用：稳定静态工作点、稳定放大倍数、改变输入/输出电阻、拓展通频带、（　　）非线性失真等。

A. 增大　　B. 减小　　C. 不影响

10. 若引回的反馈信号削弱输入信号而使放大电路的放大倍数降低，则称这种反馈为（　　）反馈。

A. 正　　B. 负

11. 不能导电的物质称为（　　）。

A. 导体　　B. 半导体　　C. 超导体　　D. 绝缘体

12. 半导体的导电能力对环境变化（　　）。

A. 不敏感　　B. 很敏感　　C. 无变化　　D. 不确定

13. 二极管实质上是一个 PN 结，在 PN 结的 P 区引出的电极称为（　　）极。

A. 正　　B. 负　　C. 北　　D. 南

14. 二极管用字母（　　）表示。

A. V　　B. D　　C. VD　　D. VT

15. 根据制造材料不同，三极管分为硅管和（　　）管。

A. 铁　　B. 铜　　C. 银　　D. 锗

16. 三极管对电流具有（　　）作用。

A. 放大　　B. 缩小　　C. 分流　　D. 绝缘

二、判断题

1. 基于特殊工艺形成的 P 型和 N 型半导体交界面称为 PN 结。PN 结具有单向导电的特性。（　　）

2. 纯净的半导体的导电能力很弱，人为掺入某种微量元素（该过程称为掺杂）后，半导体的导电性能将发生明显变化。（　　）

3. 最大整流电流（额定工作电流）是指二极管长时间正常工作时允许通过的最大正向平均电流。（　　）

4. 二极管实质上是一个 PN 结。（　　）

5. 掺入杂质后的本征半导体称为杂质半导体。（　　）

6. 单相整流电路的作用：将交流电转变成单向脉动直流电。（　　）

7. 晶闸管是硅晶体闸流管的简称，俗称可控硅。（　　）

8. 稳压管只有在电源电压高于它的稳压值时才能稳压。（　　）

9. 引入深度负反馈后，放大倍数 $A_f=1/F$，即基本不受外界因素的影响，放大电路的工作非常稳定。（　　）

10. 半导体是由负电荷（自由电子）和正电荷（空穴）同时参与导电。（　　）

11. 以正电荷（空穴）导电为主的半导体称为 P 型半导体。（　　）

12. 最大反向电流是指最大反向工作电压下的反向电流。该值越小，表示二极管的单向导电性越好。（　　）

13. 三极管根据 3 个区的半导体材料的性质不同，可分为 NPN 型和 PNP 型。（　　）

14. 通过控制基极回路很小的电流，实现对集电极较大电流的控制，这就是三极管的电流放大作用。（　　）

15. 发光二极管发光的颜色取决于所用材料。（　　）

项目六

集成运放及应用

知识目标

1. 了解集成运算放大器的结构。
2. 了解集成运算放大器的电路组成。
3. 掌握反相比例放大器的工作原理及应用。
4. 掌握同相比例放大器的工作原理及应用。
5. 掌握差动放大电路的工作原理及应用。

技能目标

1. 能识别常用集成运放的型号和种类。
2. 会使用集成运放搭建放大电路。
3. 会根据实际情况选择和使用集成运放，并会调零和处理常见故障。
4. 能利用集成运放及其外围元器件组成常见的运算电路，并测试运算关系。

素养提升

培养团队协作能力，能够在工作中扮演好团队成员或负责人的角色；能够就集成运放应用方面的问题与业界同行及社会公众进行有效沟通和交流。

任务一　集成运算放大器的认识

前面学习的电子电路主要是分立元件电路，在电子管、晶体管两代电子产品之后，出现的第三代电子产品是集成电路。集成电路以其体积小、质量小、耗电小、性能优良、通用性强等优点，在一些电子设备中已基本取代了分立元件构成的放大电路。

知识链接

一、集成运算放大器

1. 概念

集成运算放大器（简称集成运放）是一个多级直接耦合高电压放大倍数的电压放大电路。

6-1　集成运算放大器

2. 发展史

1941 年，贝尔实验室发明了世界上第一个由真空管组成的运算放大器。1952 年，型号为 K2-W 的真空管运算放大器首次作为商业产品进行售卖。20 世纪 60 年代后期，仙童半导体推出了第一个被广泛使用的积体电路运算放大器，型号为 μA709。μA709 很快便被新产品 μA741 取代，μA741 具有更好的性能，更为稳定，也更容易使用。

3. 组成

集成运算放大器的内部包括 4 个部分：输入级、中间级、输出级和偏置电路，如图 6－1－1 所示。

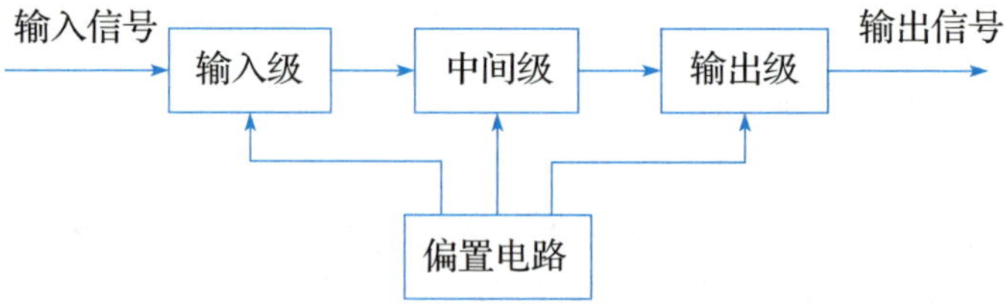

图 6－1－1　集成运算放大器组成框图

集成运算放大器各级的作用如下：

（1）输入级：要求输入电阻高，能够抑制零点漂移和干扰信号。采用差动放大电路，具有同相和反相两个输入端。

（2）中间级：电压放大，要求电压放大倍数高，一般由共射放大电路组成。

（3）输出级：与负载相接，要求输出电阻低，带负载能力强，一般由互补对称电路或射极输出器组成。

（4）偏置电路：为上述各级电路提供稳定的、合适的偏置电流，决定各级静态工作点。一般由各种恒流源组成。

4. 集成运算放大器的图形符号

集成运算放大器的图形符号如图 6－1－2 所示。

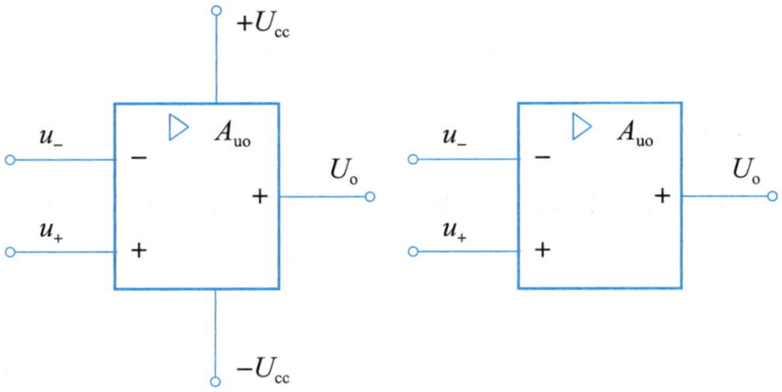

（a）一般符号　　（b）简化符号

图 6－1－2　集成运算放大器的图形符号

集成运算放大器有两个输入端（同相输入端 $u+$、反相输入端 $u-$），一个输出端 u_o。同相输入端是指反相输入端接地，同相输入端接输入信号，则输出信号和输入信号极性相同。反相输入端是指同相输入端接地，反相输入端接输入信号，则输出信号和输入信号极性相反。

5. 集成运算放大器的外形

集成运算放大器通常有圆壳式、双列直插式和扁平式，如图 6－1－3 所示。

（a）圆壳式　　（b）双列直插式　　（c）扁平式

图 6－1－3　集成运算放大器的外形

集成运算放大器以其体积小、可靠性高、寿命长、速度快、成本低等优点得到越来越广泛的应用。

双列直插式引脚号的识别：引脚朝外，缺口向左，从左下脚开始为 1，逆时针排列。例如，LM358 是 8 引脚双集成运算放大器，各引脚号及功能如图 6－1－4 所示。

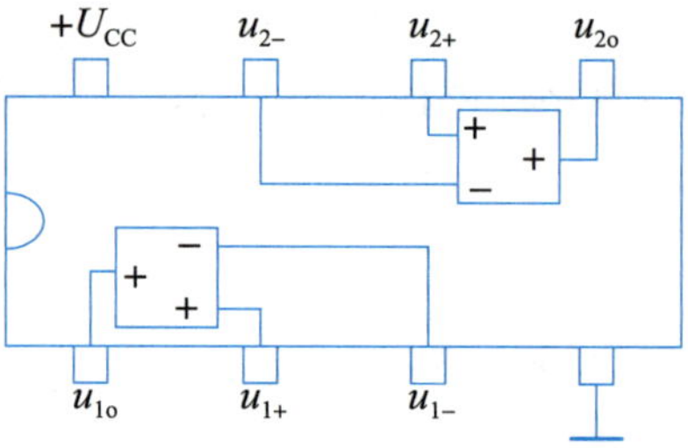

图 6－1－4　LM358 引脚功能

6. 集成运算放大器的主要性能指标

（1）开环差模电压放大倍数 A_{uo}：指集成运放无外加反馈时输出电压与输入差模电压之比。

$$A_{uo}=\frac{u_o}{u_{i1}-u_{i2}} \tag{6-1}$$

（2）差模输入电阻 r_{id}：集成运算放大器开环时，输入电压的变化与由它引起的输入电流的变化之比，也就是从放大器两个输入端看入的动态电阻。

（3）开环输出电阻 r_o：集成运算放大器开环时的动态输出电阻。

（4）共模抑制比 K_{CMR}：用于衡量集成运算放大器的放大和抗漂零、抗共模干扰的能力。

7. 理想集成运算放大器的条件

（1）差模电压放大倍数 $A_{ud}=\infty$。

（2）差模输入电阻 $r_{id}=\infty$。

（3）共模抑制比 $K_{CMR}=\infty$。

（4）输出电阻 $r_o=0$。

（5）输入失调电压、输入失调电流以及温漂均为零。

在分析集成运算放大器时，通常可将其看作理想集成运算放大器。

8. 理想集成运算放大器线性区的特点

集成运算放大器工作在线性区的两个推论：虚短；虚断。

（1）虚短：$u+\approx u-$。

上式说明同相输入端和反相输入端之间相当于短路。由于不是真正的短路，故称虚短。

（2）虚断：i＋＝i－≈0。

上式说明同相输入端和反相输入端之间相当于断路。由于不是真正的断路，故称虚断。

二、差动放大电路

1. 概念

集成运算放大器是一种高放大倍数的直接耦合多级放大器。在集成运算放大器中，输入级常采用差动放大电路有效地抑制零点漂移现象。差动放大电路如图 6-1-5 所示。

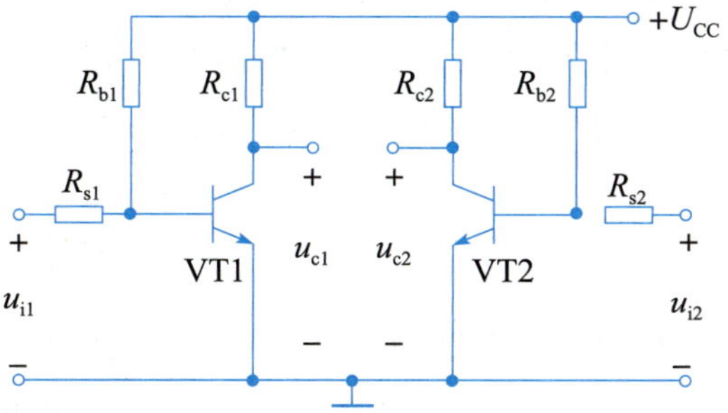

图 6-1-5　差动放大电路

2. 静态分析

两边电路要完全对称，即 VT1 和 VT2 特性完全一致，$R_{s1}=R_{s2}$，$R_{b1}=R_{b2}$，$R_{c1}=R_{c2}$。实际电路中很难做到完全对称，故采用图 6-1-6 所示的具有射极公共电阻的差动放大电路。

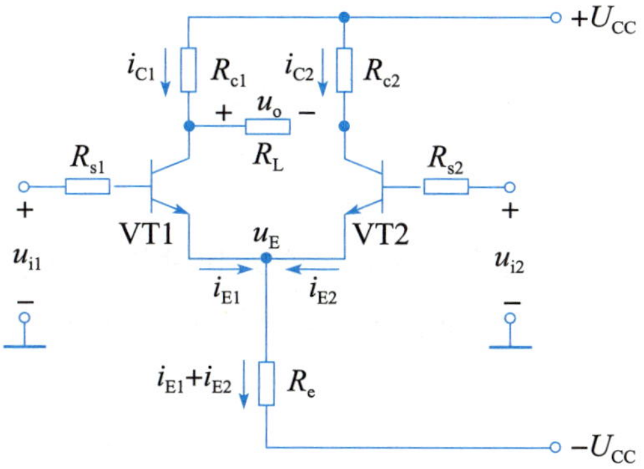

图 6-1-6　具有射极公共电阻的差动放大电路

由于两边电路对称，即 VT1 和 VT2 特性一致，因此 $R_{s1}=R_{s2}$，$R_{c1}=R_{c2}$，R_e 为 VT1 和 VT2 的射极公共电阻。当 $u_{i1}=u_{i2}=0$ 时，$i_{b1}=i_{b2}$，$i_{c1}=i_{c2}$，$u_{c1}=u_{c2}$，静态时的输出电压 $\Delta U_o=0$。

3. 共模输入动态分析

当两个输入端信号的大小相等、极性相同时，称为共模信号。由于温度变化可以等效为输入端加入的共模信号，因此当温度升高时，射极公共电阻 R_e 对共模信号具有抑制作用。其过程如下：

T（温度）$\uparrow \to i_{c1}\uparrow$、$i_{c2}\uparrow \to (i_{e1}+i_{e2})\uparrow \to uR_e=(i_{e1}+i_{e2})R_e\uparrow \to u_e\uparrow \to u_{be1}\downarrow$、$u_{be2}\downarrow \to i_{b1}\downarrow$、$i_{b2}\downarrow \to i_{c1}\downarrow$、$i_{c2}\downarrow \to u_o=u_{c1}-u_{c2}=0$。

上述过程是利用电流负反馈抑制零点漂移（温漂）的过程，R_e 越大，负反馈的作用越强，每管的零点漂移越小，抑制共模信号的作用就越强。共模输入差动放大电路的电压放大倍数称为共模放大倍数，用 A_c 表示。当两边电路对称时，由以上分析可知，$u_{c1}=u_{c2}$，$u_o=u_{c1}-u_{c2}=0$，因此共模放大倍数 $A_c=0$。即使两边电路不完全对称，A_c 也很小。

4. 差模输入差动放大电路的放大能力

当两个输入端信号的大小相等、极性相反时，称为差模信号。当 u_{i1}、u_{i2}（大小相等、极性相反）分别加于差动放大电路的两个输入端时，在两边电路完全对称的情况下，在 VT1 和 VT2 的集电极产生的电流 i_{c1}、i_{c2} 大小相等、极性相反；同理，i_{e1}、i_{e2} 也是大小相等、极性相反，它们共同作用于 R_e，产生的电压将相互抵消。因此，对于差模信号来说，R_e 可以认为短路。

差模输入差动放大电路的电压放大倍数称为差模放大倍数，用 A_d 表示。在两边电路完全对称的条件下，由于 $u_{i1}=-u_{i2}$，$u_{c1}=-u_{c2}$，则 $u_i=u_{i1}-u_{i2}=2u_{i1}$；$u_o=u_{c1}-u_{c2}=2u_{c1}$，所以有：

$$A_d=\frac{u_o}{u_i}=\frac{2u_{C1}}{2u_{i1}}=\frac{u_{C1}}{u_{i1}}=A_{d1}=A_{d2} \tag{6-2}$$

5. 共模抑制比（K_{CMR}）

为了衡量差动放大电路对差模信号的放大能力和对共模信号的抑制能力，常用到共模抑制比（K_{CMR}）。共模抑制比是指差模放大倍数 A_d 与共模放大倍数 A_c 之比，即

$$K_{CMR}=\frac{A_d}{A_c} \tag{6-3}$$

综上所述，差动放大电路只对差模信号具有放大能力，但是只相当于单管电路的放大能力，$A_d=A_{d1}=A_{d2}$；对于共模信号没有放大能力，$A_c=0$，但能有效抑制零点漂移。

任务实施

一、任务导入

使用数字万用表，采用在路测量电压或开路测量各引脚间的电阻的方法来检测集成运算放大器的好坏。

二、工作过程

用数字万用表检测 LM393

（1）准备电子技术综合实验箱、直流稳压电源、万用表、面包板及面包板插线（或带有集成运算放大器芯片的电路板）、集成运算放大器芯片、镊子。

（2）查询 LM393 的工作原理、内部结构图及各引脚功能，填入表 6-1-1。

表 6-1-1　LM393 资料记录

型号	LM393	内部结构图	引脚编号	各引脚功能
中文名称			1	
			2	
主要功能			3	
			4	
			5	
			6	
			7	
			8	

（3）观察集成运算放大器外观，如有烧焦或针脚断裂的情况，说明集成运算放大器损坏。

（4）如果集成运算放大器外观没有问题，则清洁集成运算放大器引脚，去除引脚上的污物，确保测量准确性。

（5）将数字万用表的功能旋钮调至直流电压 20V 挡位。

（6）给主板通电，然后将数字万用表的黑表笔接 LM393 的第 4 脚（负电源端），红表笔接 LM393 的第 1 脚（输出端 1），将测量的电压值填入表 6-1-2。

（7）用金属镊子依次点触集成运算放大器的第 2 脚和第 3 脚这两个输入端（加入干扰信号），如果数字万用表的读数有较大幅度的变动，则说明集成运算放大器正常；如果数字万用表的读数不变，则说明集成运算放大器已损坏。将测量的电压值填入表 6－1－2。

表 6－1－2　电压测量值记录

测量条件	测量次数		
	1	2	3
不加入干扰信号			
加入干扰信号			

三、小组讨论

（1）集成运算放大器不接电源可以对输入信号进行放大吗？

（2）查询 LM318、LM393、LM358 和 LM339 的内部结构图及各引脚的功能？

四、考核评价

首先由学生根据操作任务的完成情况进行自评，然后同一小组内的同学进行互评，最后由授课教师进行综合评价。考核评价表见表 6－1－3。

表 6－1－3　考核评价表

任务内容	评分标准	配分	自评	互评	综合评价
查询 LM393 相关资料	能画出 LM393 的内部结构图；能准确说出各引脚的功能	30			
集成运算放大器的检测	会使用数字万用表判别集成运算放大器的好坏	40			
职业素养与规范	着装规范（5 分） 准备工作充分（5 分） 遵守安全操作规程（10 分） 整理操作台（5 分） 不迟到早退（5 分）	30			
总分					
自评人：	小组成员：	日期：			
教师评价意见：					

任务二　集成运算放大电路的分析与调试

在集成运算放大器上接适当的反馈元器件，可构成能对模拟信号进行各种数学运算的放大电路，如比例运算电路、加法运算电路、减法运算电路、积分运算电路等。

知识链接

一、反相比例放大器

6－2　集成运算放大器的应用

反相比例放大器如图 6－2－1 所示。

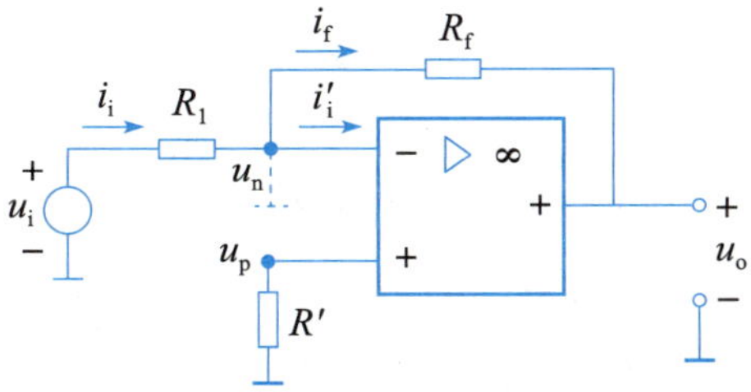

图 6－2－1　反相比例放大器

输入信号 u_i 经过电阻 R_1 加到集成运算放大器的反相端，反馈电阻 R_f 接在输出端和反相输入端之间，同向端加平衡电阻 R'，作用是使同相端与反相端外接电阻相等，保证集成运算放大器处于平衡对称的工作状态，从而消除输入偏置电流及其温度漂移的影响。

根据虚断和虚短的概念可以推出 $u_+=u_-=0$，$i_+=i_-=0$，则 $i_1=i_f$，即

$$\frac{u_i}{R_1}=-\frac{u_o}{R_f}$$

故集成运算放大器的电压放大倍数为：

$$A_f=\frac{u_o}{u_i}=-\frac{R_f}{R_1} \tag{6-4}$$

式 6－4 表明，电路的输出电压与输入电压相位相反，大小成一定比例，故该电路称为反相比例放大器。如果 $R_f=R_1$，则输出电压与输入电压相位相反，大小相等，称为反相器。

二、同相比例放大器

同相比例放大器如图 6－2－2 所示。

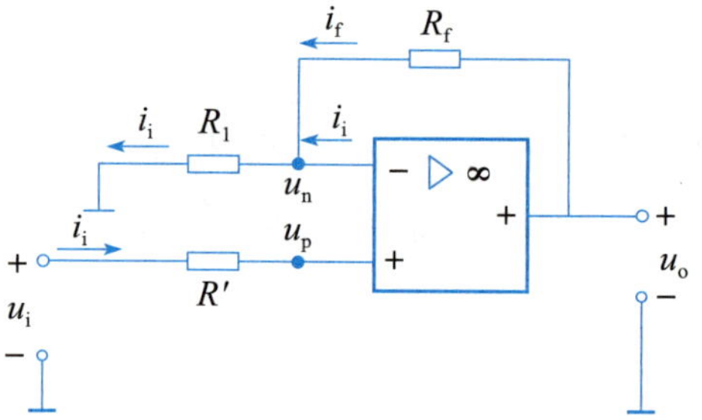

图 6－2－2　同相比例放大器

输入信号 u_i 经过电阻 R'加到集成运算放大器的同相端，反馈电阻 R_f 接在反相端，称为同相输入，根据虚断和虚短的概念可以推出输出电压与输入电压的关系为：

$$u_o=\left(1+\frac{R_f}{R_1}\right)u_i \tag{6-5}$$

式 6－5 表明，电路的输出电压与输入电压相位相同，大小成一定比例，但一定大于 1，故该电路称为同相比例放大器。如果 $R_f=0$ 或 $R_1=\infty$，此时，若 $A_f=1$，即输出电压与输入电压大小相等，相位相同，称为电压跟随器。

三、反相加法器

在反相比例放大器的基础上增加几个输入支路，即可组成加法反相集成运算放大器，又称反相加法器，如图 6－2－3 所示。

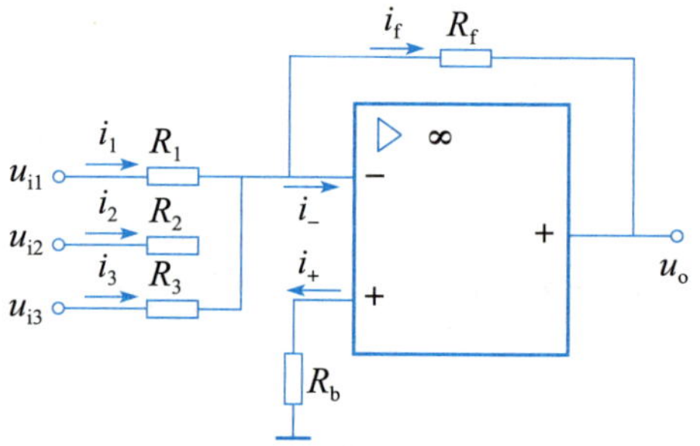

图 6－2－3　反相加法器

根据虚断和虚短的概念可以推出 $u_+=u_-=0$，$i_+=i_-=0$，则 $i_f=i_1+i_2+i_3$。因为：

$$i_1=\frac{u_{i1}}{R_1}, i_2=\frac{u_{i2}}{R_2}, i_3=\frac{u_{i3}}{R_3}$$

所以有：

$$u_o=-\left(\frac{R_f}{R_1}u_{i1}+\frac{R_f}{R_2}u_{i2}+\frac{R_f}{R_3}u_{i3}\right) \tag{6-6}$$

式 6-6 表明，输出电压等于各输入电压按照不同比例相加，式中“—”号表示输出电压和输入电压反相。若 $R_1=R_2=R_3=R_f$，则 $u_o=-(u_{i1}+u_{i2}+u_{i3})$。表明输出电压等于各输入电压之和，实现了求和运算。

四、减法运算电路

减法运算电路如图 6-2-4 所示。

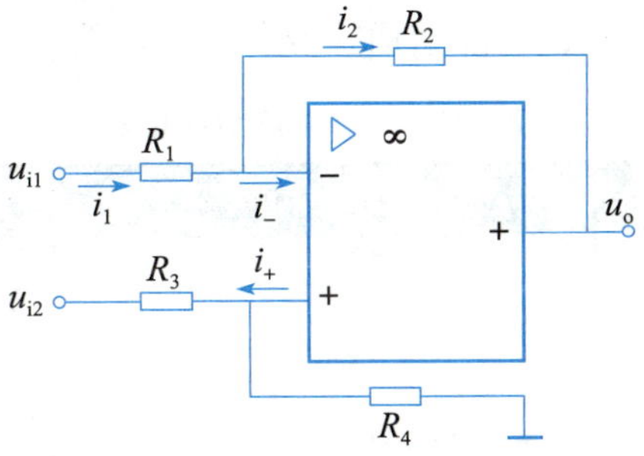

图 6-2-4 减法运算电路

根据虚断和虚短的概念可以推出 $i_-=0$，$u_-=u_+$，则 $i_1=i_2$，即

$$\frac{u_{i1}-u_-}{R_1}=\frac{u_--u_o}{R_2}$$

而

$$u_+=\frac{R_4}{R_3+R_4}u_{i2}$$

当外电路电阻满足平衡对称条件 $R_1=R_3$，$R_2=R_4$ 时，则

$$u_o=-\frac{R_2}{R_1}(u_{i1}-u_{i2}) \tag{6-7}$$

式 6-7 表明，电路的输出电压与两个输入电压的差值成正比，故称为减法集成运算放大器，即电路实现了差值运算。

任务实施

一、任务导入

为集成运算放大器加上适当的反馈环节，就可以构成各种数学运算放大电路。准确分析和调试反相比例放大电路和同相比例放大电路是相关技术人员应掌握的基本技能。

二、工作过程

1. 反相比例放大电路的分析与调试

（1）准备工作：OP07 集成运算放大器 1 个，100kΩ 和 51kΩ 电阻，数字万用表，面包板，导线若干。

（2）查询 OP07 的工作原理、内部结构图及各引脚功能，填入表 6-2-1 中。

表 6-2-1　OP07 资料记录

型号	OP07	内部结构图	引脚编号	引脚功能
中文名称			1	
			2	
主要功能			3	
			4	
			5	
			6	
			7	
			8	

（3）根据图 6-2-5 所示的电路原理图在面包板上连接电路，电阻 R_f 用 100kΩ 的电阻，电阻 R_1 用 51kΩ 的电阻。

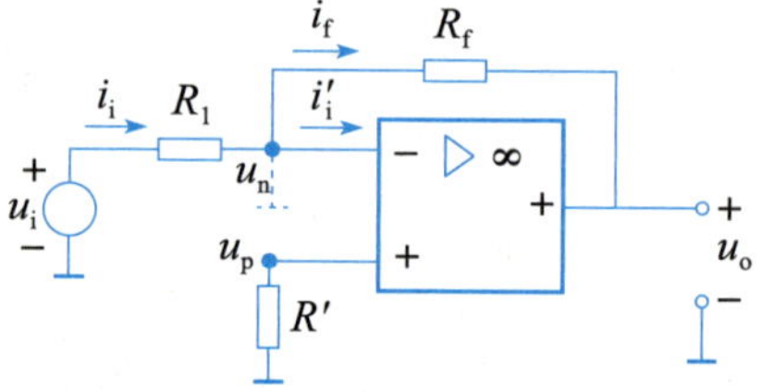

图 6-2-5　反相比例放大电路

（4）给电路加上输入信号，并调节输入信号的电压，使其满足表 6-2-2 所示的 u_i 值，理论计算 u_o 数值，并用万用表测量输出电压 u_o，然后进行分析和对比。

表 6-2-2　反相比例放大电路测量记录

u_i	u_o 测量值	u_o 计算值
0.2V		
0.5V		
1V		
1.5V		
2V		

2. 同相比例放大电路的分析与调试

（1）准备工作：OP07 集成运算放大器 1 个，100kΩ 和 51kΩ 电阻，数字万用表，面包板，导线若干。

（2）根据图 6-2-6 所示的电路原理图在面包板上连接电路，电阻 R_f 用 100kΩ 的电阻，电阻 R_1 用 51kΩ 的电阻。

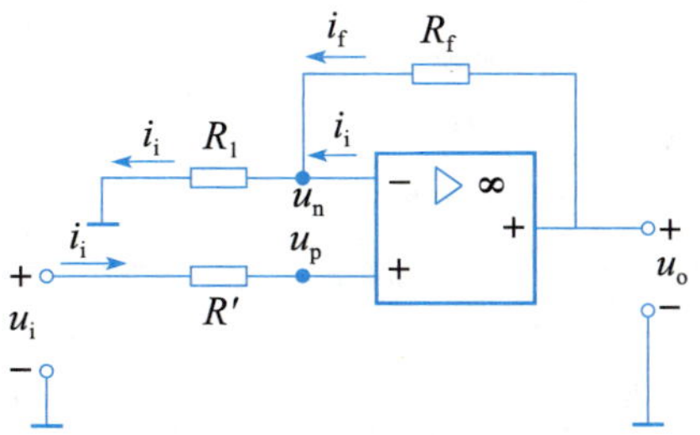

图 6-2-6　同相比例放大电路

（3）给电路加上输入信号，并调节输入信号的电压，使其满足表 6-2-3 所示的 u_i 值，理论计算 u_o 数值，并用万用表测量输出电压 u_o，然后进行分析和对比。

表 6-2-3　同相比例放大电路测量记录

u_i	u_o 测量值	u_o 计算值
1V		
2V		
3V		

三、小组讨论

（1）实际测量值与理论计算值是否完全相同，为什么？

（2）如何判断反馈类型？

四、考核评价

首先由学生根据操作任务的完成情况进行自评，然后同一小组内的同学进行互评，最后由授课教师进行综合评价。考核评价表见表 6－2－4。

表 6－2－4　考核评价表

任务内容	评分标准	配分	自评	互评	综合评价
反相比例放大电路的分析与调试	电路连接正确，一次通电成功；数据计算准确；能够用万用表准确测量数据	35			
同相比例放大电路的分析与调试	电路连接正确，一次通电成功；数据计算准确；能够用万用表准确测量数据	35			
职业素养与规范	着装规范（5 分） 准备工作充分（5 分） 遵守安全操作规程（10 分） 整理操作台（5 分） 不迟到早退（5 分）	30			
总分					
自评人：	小组成员：	日期：			
教师评价意见：					

项目小结

（1）集成运算放大器的概念。

（2）集成运算放大器内部的 4 个部分及作用。

（3）集成运算放大器的主要性能指标。

（4）理想集成运放的条件。

（5）差动放大电路的特性。

(6) 反相比例放大器的特性和功能。

(7) 同相比例放大器的特性和功能。

(8) 反相加法器的特性和功能。

(9) 减法运算电路的特性和功能。

(10) 集成运算放大器的检测方法。

(11) 各种数学运算放大电路的分析与调试。

练习题

一、单选题

1. 集成运算放大器的输入级：要求输入电阻（　　），能够抑制零点漂移和干扰信号。

A. 高　　B. 低　　C. 任意　　D. 不确定

2. LM358 是（　　）引脚的双集成运算放大器。

A. 2　　B. 4　　C. 6　　D. 8

3. 反相输入端的电位等于零，但不接地，这种现象称为（　　）。

A. 虚短　　B. 虚断　　C. 虚地　　D. 接地

4. 差动比例运算也称为（　　）法运算。

A. 加　　B. 减　　C. 乘　　D. 除

5. 直流负反馈的目的是稳定（　　）态工作点。

A. 静　　B. 动

二、判断题

1. 共模抑制比 K_{CMR} 用于综合衡量集成运算放大器的放大、抗零漂、抗共模干扰的能力。（　　）

2. 分析集成运算放大器时，一般可将其看作理想运算放大器。（　　）

3. 如果反相输入端有若干输入信号，则构成反相比例求和电路，也叫加法运算电路。（　　）

4. 集成运算放大器工作在线性区的两个推论："虚短"和"虚断"。（　　）

5. 偏置电路的作用：为各级电路提供稳定和合适的偏置电流，决定各级的静态工作点。（　　）

6. 可以使用瞬时极性法判断正、负反馈。（　　）

7. 将输入电压变换为与之成正比的输出电流的电路，称为电压—电流变换器。（　　）

8. 比较器在自动控制及自动测量系统中应用十分广泛。（　　）

9. 差动比例运算也称为减法运算。（　　）

项目七

数字电路的分析与调试

知识目标

1. 了解模拟信号和数字信号的特点。
2. 了解数制和码制。
3. 掌握数制的换算方法。
4. 了解与、或、非逻辑运算。
5. 掌握与门、或门和非门这 3 种基本逻辑门电路的特性与应用。
6. 掌握与非门、或非门和异或门这 3 种复合逻辑门电路的特性与应用。
7. 了解编码器和译码器的基本功能。
8. 了解半导体数码管的基本结构和工作原理。
9. 掌握基本 RS 触发器的结构、工作原理和基本功能。
10. 认识同步 RS 触发器、主从 JK 触发器、T 触发器和 D 触发器。
11. 了解寄存器和计数器的基本功能。
12. 了解 555 定时器的基本功能。
13. 了解施密特触发器和单稳态触发器的基本功能。

技能目标

1. 能识别常见的逻辑门电路。
2. 能安装和调试常见的逻辑门电路。
3. 能安装和调试基本 RS 触发器电路。
4. 能安装和调试计数电路。

5. 能安装和调试施密特触发器电路。

素养提升

培养创新意识和创新思维，具备初步的创新能力；培养自主学习和终身学习的意识，具备适应发展的能力。

任务一　数字电路的认识

党的二十大报告指出，建设现代化产业体系。坚持把发展经济的着力点放在实体经济上，推进新型工业化，加快建设制造强国、质量强国、航天强国、交通强国、网络强国、数字中国。

数字化已成为当今电子技术的发展趋势，计算机、数字电视和手机等电子产品的大量应用，使我们步入了一个全新的“数码时代”，学习数字电路知识具有重要的现实意义。

知识链接

7-1　数字电路

一、数字电路基础知识

1. 数字信号的概念

电子电路处理的电信号可以分为两大类：模拟信号、数字信号。通常把电子电路分为模拟电路和数字电路。一切非正弦的、带有突变特点的波形统称为脉冲。数字电路处理的信号多是矩形脉冲，这种信号常用二值量信息表示，即用逻辑信号 1 和 0 来表示信号的状态（高电平或低电平），通常所说的数字信号就是指这种信号。常见的脉冲波形如图 7-1-1 所示。

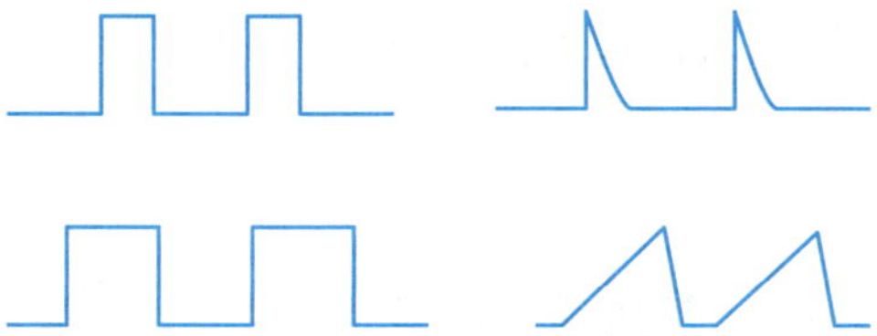

图 7-1-1　常见的脉冲波形

2. 数字电路的主要特点

（1）采用二进制数，抗干扰能力强，可靠性高。

（2）不仅能完成数值运算，而且能进行逻辑判断和逻辑运算。

（3）分析方法不同于模拟电路。

（4）功耗低，电路易于集成。

（5）数字电路可通过光碟、光纤等媒介方便地保存、传输数字信号；通过数字技术处理数字信号。

数字电路也有一定的局限性，因此，现实中往往将数字电路和模拟电路结合起来，组成一个完整的电子系统。

3. 数字电子技术的发展史

世界上第一台电子计算机于 1946 年研制成功，命名为 ENIAC。在 ENIAC 问世以来的短短几十年，电子计算机的发展异常迅速。

第一代（1946—1957 年）是电子计算机，它的基本电子元件是电子管，内存储器采用水银延迟线，外存储器主要采用磁鼓、纸带、卡片、磁带等。

第二代（1958—1970 年）是晶体管计算机。1948 年，美国贝尔实验室发明了晶体管，10 年后晶体管取代了计算机中的电子管，晶体管计算机诞生了。

第三代（1963—1970 年）是集成电路计算机。随着半导体技术的发展，1958 年夏，美国得克萨斯公司制成了第一个半导体集成电路。

第四代（1971 年至今）是大规模集成电路计算机。随着集成了上千甚至上万个电子元件的大规模集成电路和超大规模集成电路的出现，电子计算机发展至第四代。

二、数制及码制

1. 数制及转换

数制就是对数字信号进行计数的体制。日常生活中，人们习惯使用的是十进制，而在数字电路中用得最广泛的是二进制。

（1）十进制数。

十进制数的特点：基数是 10，计数规律是“逢十进一”。每一数码处于不同的位置时，代表的数值是不同的，即不同的数位有不同的位权。

例如，$2160=2\times10^3+1\times10^2+6\times10^1+0\times10^0$。

（2）二进制数。

二进制数的特点：基数是 2，采用两个数码 0 和 1，计数规律是“逢二进一”。二进制数的各位的位权分别为 20、21、22……

1）二进制数转换成十进制数：采用“乘权相加法”，即二进制数首先写成加权系数展开式，然后按十进制加法规则求和。

例如，$[11011]_2=1\times2^4+1\times2^3+0\times2^2+1\times2^1+1\times2^0=27$。

2）十进制数转换成二进制数：采用“除 2 取余倒排法”，即不断地用 2 去除十进制数，并依次记下余数，直到商为 0 为止，将每次相除得到的余数进行倒排列。

例如，将 21 转换为二进制数。

解：

2 | 21			
2 | 10	余1	低位 ↑	位权 2^0
2 | 5	余0		位权 2^1
2 | 2	余1		位权 2^2
2 | 1	余0		位权 2^3
0	余1	高位	位权 2^4

所以 $21 = [10101]_2$

（3）十六进制数。

十六进制数的基数是 16，采用 16 个数码：0、1、2、3、4、5、6、7、8、9、A、B、C、D、E、F，其中 10～15 分别用 A～F 表示。十六进制数的计数规律是“逢十六进一”，各位的位权是 16 的幂。

例如，$[7C]_{16} = 7\times16^1 + 12\times16^0 = 124$。

（4）二进制数与十六进制数的相互转换。

1）将二进制正整数转换为十六进制数。

将二进制数从最低位开始，每 4 位分为一组（最高位可以补 0），每组都转换为 1 位相应的十六进制数数码即可。

例：将二进制数 $[1101001]_2$ 转换为十六进制数。

二进制数：　　0100　1001

　　　　　　　　↓　　↓

十六进制数：　　4　　9

即 $[1101001]_2 = [49]_{16}$

2）将十六进制正整数转换为二进制数。

运算过程同上式正好相反，将十六进制数的每一位转换为相应的 4 位二进制数即可。

2. 码制

（1）二—十进制码：用 10 个四位二进制数分别表示十进制数中的 0～9，简称 BCD 码。BCD 码的编码方式有很多种，一般分为有权码和无权码。8421BCD 码是一种最基本的应用普遍的 BCD 码，是有权码，8421 是指编码中各位的位权分别是 8、4、2、1。

（2）二—十进制数：将十进制数的每一位分别用 4 位二进制码表示出来，构成的数称为二—十进制数。

例如，$[47]_{10} = [1000111]_{8421BCD}$

三、门电路

7－2　门电路

1. 基本逻辑关系

（1）逻辑变量。

自然界中，许多现象都存在着两种对立的状态，为了描述这种对立状态，往往采用仅有两个取值的变量，这种二值变量就称为逻辑变量。逻辑变量可以用字母 A、B、C 等表示，但逻辑变量只有两个不同的取值，分别是逻辑 0 和逻辑 1。

（2）基本的逻辑关系及其运算。

逻辑关系是指一定的因果关系，即条件和结果的关系。基本的逻辑关系只有“与”“或”“非”3 种。

2. 与、或、非门电路

（1）与逻辑和与门电路。

与逻辑：只有当决定某一种结果的所有条件都具备时，这个结果才能发生，这种逻辑关系称为与逻辑关系，简称与逻辑。与运算又称逻辑乘，记作 $Y=A \cdot B$ 或 $Y=AB$。与门电路和逻辑符号如图 7－1－2 所示。输出端与输入端的逻辑关系是“有 0 出 0，全 1 出 1”。

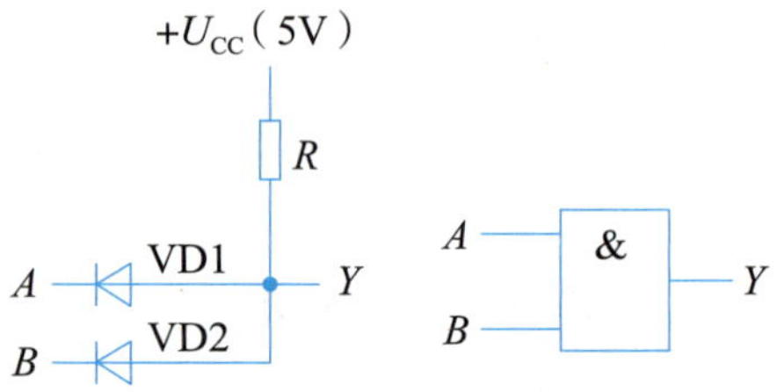

图 7－1－2　与门电路和逻辑符号

（2）或逻辑和或门电路。

或逻辑：决定某一结果的几个条件中，只要有一个或一个以上的条件具备，结果就发生，这种逻辑关系称为或逻辑关系，简称或逻辑。或运算又称逻辑加，记作 $Y=A+B$。或门电路和逻辑符号如图 7－1－3 所示。输出端与输入端的逻辑关系是“有 1 出 1，全 0 出 0”。

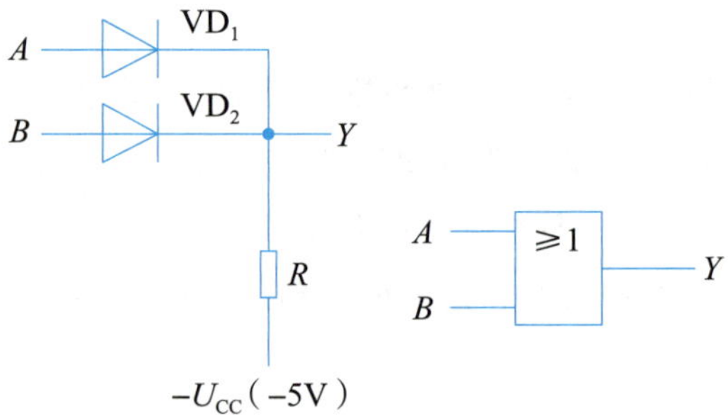

图 7－1－3　或门电路和逻辑符号

（3）非逻辑和非门电路。

非逻辑：如果条件与结果的状态总是相反，则这样的逻辑关系称为非逻辑关系，简称非逻辑或逻辑非。逻辑变量 A 的逻辑非，表示为 $\overline{A}$，读作“A 非”或“A 反”，其表达式为 $Y=\overline{A}$。非门电路和逻辑符号如图 7-1-4 所示。

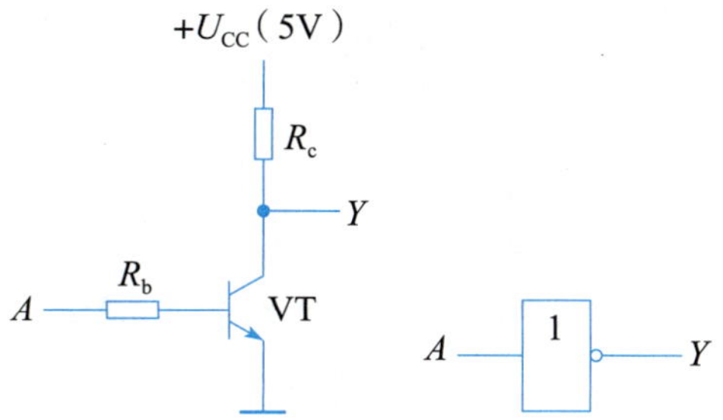

图 7-1-4　非门电路和逻辑符号

3. 复合逻辑门电路

(1) 与非门电路。

将一个与门的输出端和一个非门的输入端连接起来，便组成一个与非门电路。与非门电路的逻辑结构和逻辑符号如图 7-1-5 所示。与非门电路的输出端与输入端的逻辑关系是“全 1 出 0，有 0 出 1”。

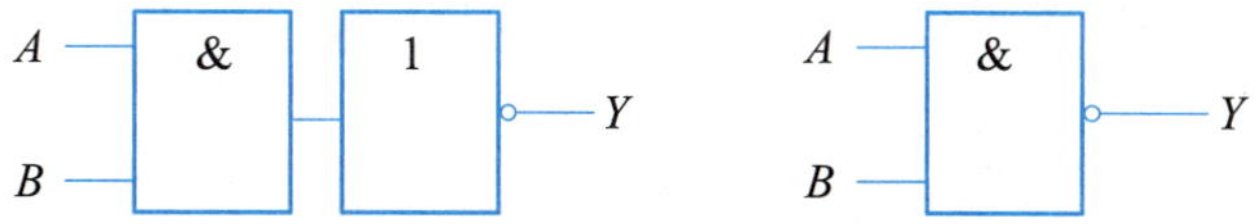

图 7-1-5　与非门电路的逻辑结构和逻辑符号

(2) 或非门电路。

将一个或门的输出端和一个非门的输入端连接起来，便组成一个或非门电路。或非门电路的逻辑结构和逻辑符号如图 7-1-6 所示。或非门电路的输出端与输入端的逻辑关系是“全 0 出 1，有 1 出 0”。

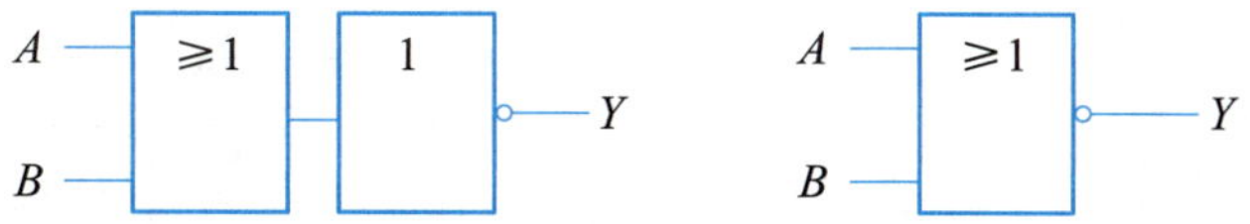

图 7-1-6　或非门电路的逻辑结构和逻辑符号

(3) 异或门电路。

将两个非门、两个与门及一个或门连接起来，便组成一个异或门电路。异或门电路的逻辑结构和逻辑符号如图 7-1-7 所示。异或门电路的输出端与输入端的逻辑关系是“相同出 0，不同出 1”。

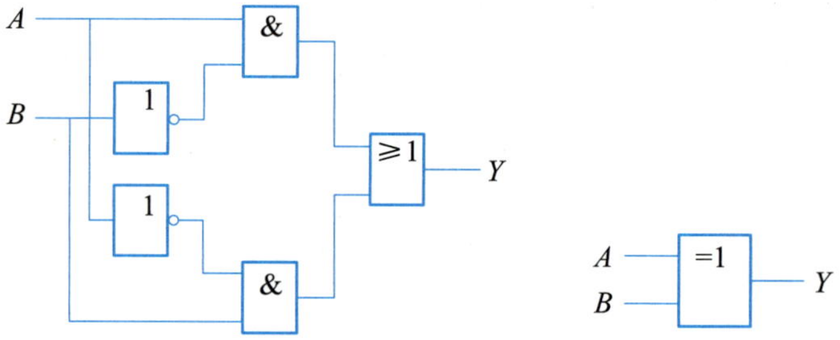

图 7-1-7　异或门电路的逻辑结构和逻辑符号

任务实施

一、任务导入

实现基本且常用逻辑运算的电子电路叫作逻辑门电路。实现与运算的叫作与门，实现或运算的叫作或门，实现非运算的叫作非门，它们又可组成与非门、或非门等复合逻辑门电路。本任务要求使用集成逻辑芯片来实现基本的逻辑运算。

二、工作过程

1. 74LS00 与非门电路的分析与调试

（1）准备工作：数字电子实验箱，74LS00 与非门芯片 1 个，导线若干。

（2）查询 74LS00 的工作原理、内部结构图及各引脚功能，填入表 7-1-1。

表 7-1-1　74LS00 资料记录

型号	74LS00	内部结构图	引脚编号	引脚功能
中文名称			1	
			2	
主要功能			3	
			4	
			5	
			6	
			7	
			8	
			9	
			10	
			11	
			12	
			13	
			14	

（3）74LS00 为四组 2 输入端与非门，根据封装图在实验箱上连接电路，将 7 引脚接地，14 引脚接 5V 电源正极。引脚 1、2 接输入端开关，引脚 3 为输出端接小灯。通电观察实验现象，填入表 7－1－2 中。

表 7－1－2　与非门实验数据记录

输入 1	输入 2	输出（小灯亮为“1”，灭为“0”）

2. 74LS27 或非门电路的分析与调试

（1）准备工作：数字电子实验箱，74LS27 或非门芯片 1 个，导线若干。

（2）查询 74LS27 的工作原理、内部结构图及各引脚功能，填入表 7－1－3。

表 7－1－3　74LS27 资料记录

<table>
<tr><th>型号</th><th>74LS27</th><th>内部结构图</th><th>引脚编号</th><th>引脚功能</th></tr>
<tr><td rowspan="2">中文名称</td><td rowspan="2"></td><td rowspan="14"></td><td>1</td><td></td></tr>
<tr><td>2</td><td></td></tr>
<tr><td rowspan="12">主要功能</td><td rowspan="12"></td><td>3</td><td></td></tr>
<tr><td>4</td><td></td></tr>
<tr><td>5</td><td></td></tr>
<tr><td>6</td><td></td></tr>
<tr><td>7</td><td></td></tr>
<tr><td>8</td><td></td></tr>
<tr><td>9</td><td></td></tr>
<tr><td>10</td><td></td></tr>
<tr><td>11</td><td></td></tr>
<tr><td>12</td><td></td></tr>
<tr><td>13</td><td></td></tr>
<tr><td>14</td><td></td></tr>
</table>

（3）74LS27 是三输入或非门，根据封装图在实验箱上连接电路，7 引脚接地，14 引脚接 5V 电源正极，引脚 1、2、13 接输入端开关，引脚 12 为输出端接小灯。通电观察实验现象，填入表 7－1－4 中。

表 7-1-4　或非门实验数据记录

输入 1	输入 2	输入 3	输出（小灯亮为“1”，灭为“0”）

三、小组讨论

（1）日常生活中，什么设备会用到数字信号？什么设备会用到模拟信号？

（2）请举出生活中的与、或、非逻辑实例。

（3）俗语“半斤八两”表示几进制？

四、考核评价

首先由学生根据操作任务的完成情况进行自评，然后同一小组内的同学进行互评，最后由授课教师进行综合评价。考核评价表见表 7-1-5。

表 7-1-5　考核评价表

任务内容	评分标准	配分	自评	互评	综合评价
与非门电路的分析与调试	掌握 74LS00 引脚结构及功能；电路连接正确，一次通电成功	35			
或非门电路的分析与调试	掌握 74LS27 引脚结构及功能；电路连接正确，一次通电成功	35			
职业素养与规范	着装规范（5 分） 准备工作充分（5 分） 遵守安全操作规程（10 分） 整理操作台（5 分） 不迟到早退（5 分）	30			
总分					
自评人：	小组成员：	日期：			
教师评价意见：					

任务二　组合逻辑电路的分析与调试

由基本逻辑门电路和复合门电路组合而成的数字电路称为组合逻辑电路。组合逻辑电路的特点是电路的输出状态仅取决于电路当时的输入状态，与电路过去的输出状态无关。

知识链接

一、常用集成组合逻辑电路

按电路逻辑功能的特点，数字电路可分为组合逻辑电路和时序逻辑电路。若电路的任一时刻的输出都只取决于该时刻的输入状态，而与输入信号作用之前的电路状态无关，则该数字电路称为组合逻辑电路。组合逻辑电路的逻辑功能可以用逻辑函数表达式或真值表表示。

组合逻辑电路的种类很多，常见的有编码器、译码器、数据选择器、数字比较器等，还有专用的中规模集成器件（MSI）。中规模集成器件通常设有控制端（使能端）、功能端和级联端等，在不用或少用附加电路的情况下，就能将若干功能部件扩展为位数更多、功能更复杂的电路。

二、编码器

1. 概念

在数字系统中，经常需要把某种具有特定意义的输入信号（如数字、字符或某种控制信号）编成若干位二进制代码来处理，这一过程称为编码。能够实现编码的电路称为编码器。

2. 二进制编码器

二进制编码器是指输入变量数（m）和输入变量数（n）成 $2n$ 倍关系的编码器。如图 7－2－1 所示为 4 线—2 线编码器示意图，编码器有 4 个输入（I_0、I_1、I_2、I_3 分别表示数字 0～3），根据 4 个输入信号的不同组合，编码器会输出对应的 2 位二进制码（Y_1Y_0）。

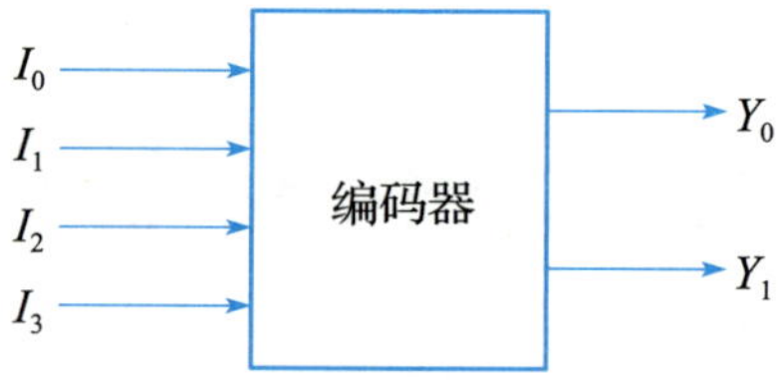

图 7-2-1　4 线—2 线编码器示意图

4 线—2 线编码器真值表见表 7-2-1。

表 7-2-1　4 线—2 线编码器真值表

I_0	I_1	I_2	I_3	Y_1	Y_0
1	0	0	0	0	0
0	1	0	0	0	1
0	0	1	0	1	0
0	0	0	1	1	1

输出表达式如下：

$$Y_0=I_1+I_3=\overline{\overline{I_1}\,\overline{I_3}}$$

$$Y_1=\overline{I_2}+\overline{I_3}=\overline{\overline{I_2}\,\overline{I_3}}$$

3. 二—十进制编码器

能够将 0～9 这 10 个十进制数编成二进制代码的电路称为二—十进制编码器，它有 10 个由开关组成的输入端，故又称 10 线—4 线编码器。二—十进制编码器示意图如图 7-2-2 所示。

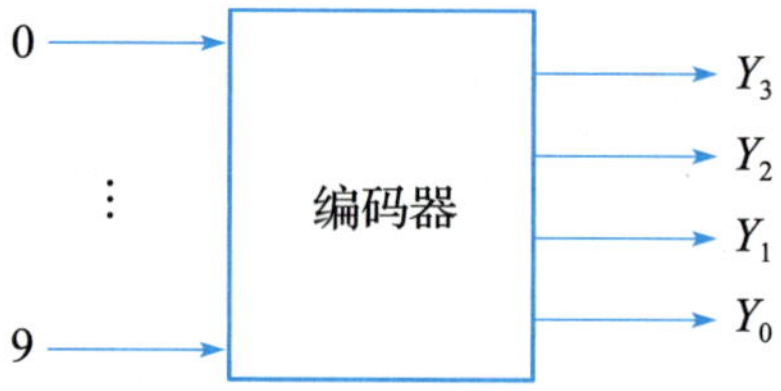

图 7-2-2　二—十进制编码器示意图

因为常用的是 8421 加权码（*BCD* 码），所以对应的表 7-2-2 称为 8421*BCD* 编码表。

表 7-2-2　8421BCD 编码表

输入：十进制数	输出：8421 码			
	Y_3	Y_2	Y_1	Y_0
0	0	0	0	0
1	0	0	0	1
2	0	0	1	0
3	0	0	1	1
4	0	1	0	0
5	0	1	0	1
6	0	1	1	0
7	0	1	1	1
8	1	0	0	0
9	1	0	0	1

根据编码表可写出逻辑函数表达式，再变换为与非形式为：

$$Y_3=I_8+I_9=\overline{\overline{I}_8\overline{I}_9}$$

$$Y_2=I_4+I_5+I_6+I_7=\overline{\overline{I}_4\overline{I}_5\overline{I}_6\overline{I}_7}$$

$$Y_1=I_2+I_3+I_6+I_7=\overline{\overline{I}_2\overline{I}_3\overline{I}_6\overline{I}_7}$$

$$Y_0=I_1+I_3+I_5+I_7+I_9=\overline{\overline{I}_1\overline{I}_3\overline{I}_5\overline{I}_7\overline{I}_9}$$

根据逻辑函数表达式可画出 8421BCD 编码器逻辑电路图，如图 7-2-3 所示。

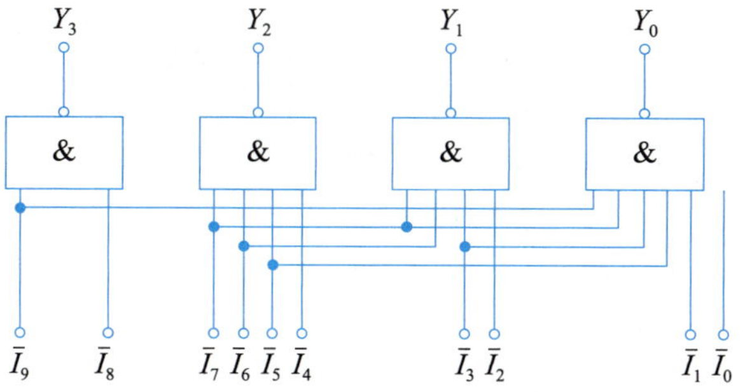

图 7-2-3　8421BCD 编码器逻辑电路

74LS147 是常用的 8421BCD 码集成优先编码器，实物和引脚功能如图 7-2-4 所示。

（1）输入端、输出端均为低电平有效，即 0 表示有信号，1 表示无信号。

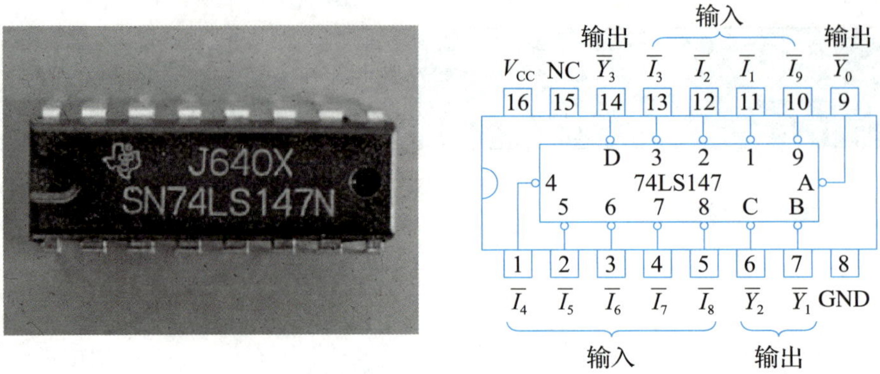

（a）实物外形　　（b）引脚功能

图 7-2-4　74LS147 芯片

（2）当输入数据为十进制 0 时，只需要将全部数据输入端接高电平。

（3）74LS147 为优先编码器，即当输入端同时输入两个或两个以上有效信号时，只接受优先级别高的输入信号编码。

三、译码器

1. 概念

译码是编码的逆过程，也就是把二进制代码表示的特定含义“翻译”出来。能够实现译码功能的电路称为译码器。

2. 二进制译码器

将 n 位二进制数译成 M 个输出状态的电路称为二进制译码器。

功能：可将 n 位二进制代码的 $2n$ 种组合译成电路的 $2n$ 种输出状态。以 2 线—4 线译码器为例，其逻辑电路如图 7-2-5 所示。

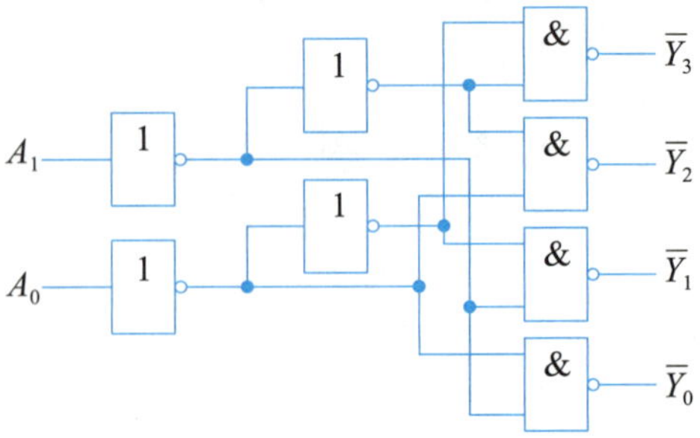

图 7-2-5　2 线—4 线译码器逻辑电路

2 线—4 线译码器真值表见表 7-2-3。

表 7-2-3　2 线—4 线译码器真值表

输入		输出			
A_1	A_0	$\overline{Y}_3$	$\overline{Y}_2$	$\overline{Y}_1$	$\overline{Y}_0$
0	0	0	1	1	1
0	1	1	0	1	1
1	0	1	1	0	1
1	1	1	1	1	0

3. 二—十进制译码器

二—十进制译码器输入的是四位 8421BCD 码，输出的是代表十进制数的信号。常用的二—十进制译码器集成芯片有 74LS42 等，实物和引脚功能如图 7-2-6 所示。

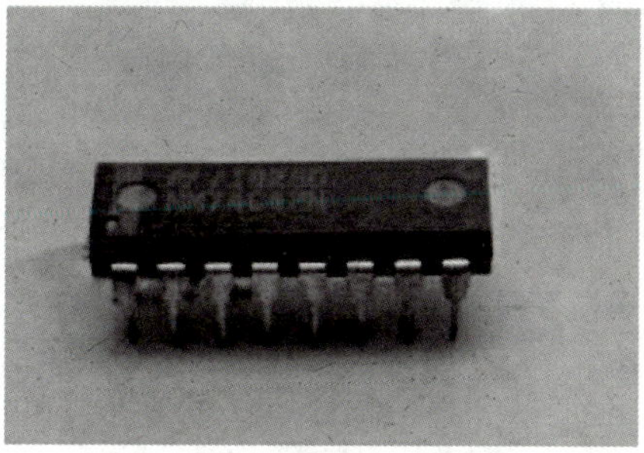

（a）外形

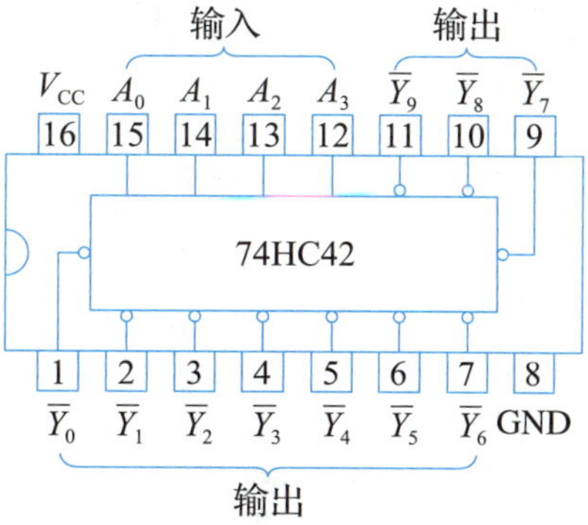

（b）引脚功能

图 7-2-6　74LS42 芯片

4. 显示译码器

能够驱动各种显示器件，将二进制代码表示的数字、文字、符号翻译成方便人们识别的形式，并直观显示出来的电路称为显示译码器（又称显示器）。显示器一般与计数器、译码器、驱动器配合使用，目前应用较多的是分段式显示器，如七段半导体数码显示器，如图 7-2-7 所示。

七段数码显示器的每段发光二极管有共阳极和共阴极两种接法，如图 7-2-8 所示。

共阳极：显示器所接的译码器要求是低电平译出。

共阴极：显示器所接的译码器要求是高电平译出。

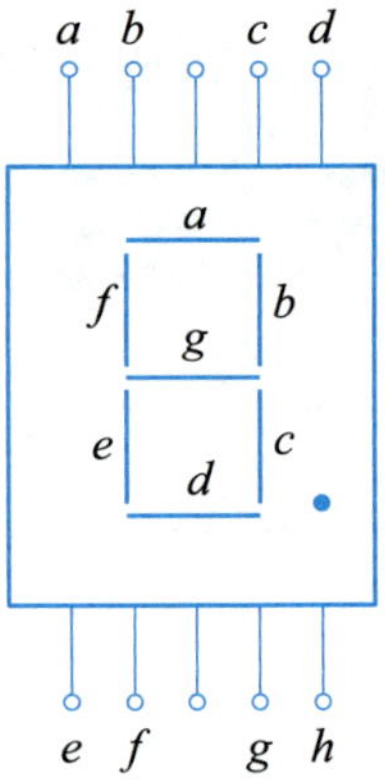

图 7-2-7　七段半导体数码显示器

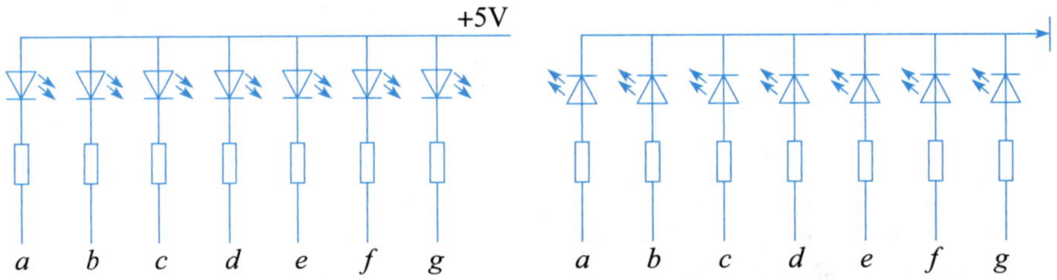

(a) 共阳极接法　　(b) 共阴极接法

图 7-2-8　七段数码显示器的接法

任务实施

一、任务导入

数码显示器有多种类型。按显示方式分类，有字型重叠式、点阵式、分段式等；按发光物质分类，有半导体显示器，又称发光二极管（LED）显示器，还有荧光显示器、液晶显示器、气体放电管显示器等。目前应用较广的是由发光二极管构成的七段数码显示器。本任务将完成数码显示器电路的安装与调试。

二、工作过程

数码显示器电路的安装与调试

(1) 准备工作：74LS48 显示译码器，共阴极七段半导体数码显示器，万用表，面包板，开关，电阻，5V 直流电源，导线若干。

(2) 查询 74LS48 显示译码器的内部结构图及各引脚功能，填入表 7-2-4。

表 7-2-4 74LS48 显示译码器资料记录

型号	74LS48 显示译码器	内部结构图	引脚编号	引脚功能
主要功能			1	
			2	
			3	
			4	
			5	
			6	
			7	
			8	
			9	
			10	
			11	
			12	
			13	
			14	
			15	
			16	

(3) 对数码管的质量进行检测。先检查数码管的外观，确认外部颜色是否均匀，是否损坏变形，引线是否正常，有无开焊、断裂现象。再用万用表检测，将挡位开关置于电阻挡 R×10k 处，用红表笔接数码管的公共阴极，黑表笔分别接触其他引脚，观察数码管是否发光，哪段不发光则说明哪段存在故障。

(4) 根据图 7-2-9 所示的数码显示电路在面包板上接线。

(5) 连接好电路后，通过逻辑开关 S_A～S_D 依次产生 0～9 的二进制代码，观察数码显示器的结果是否与功能表中的一致。

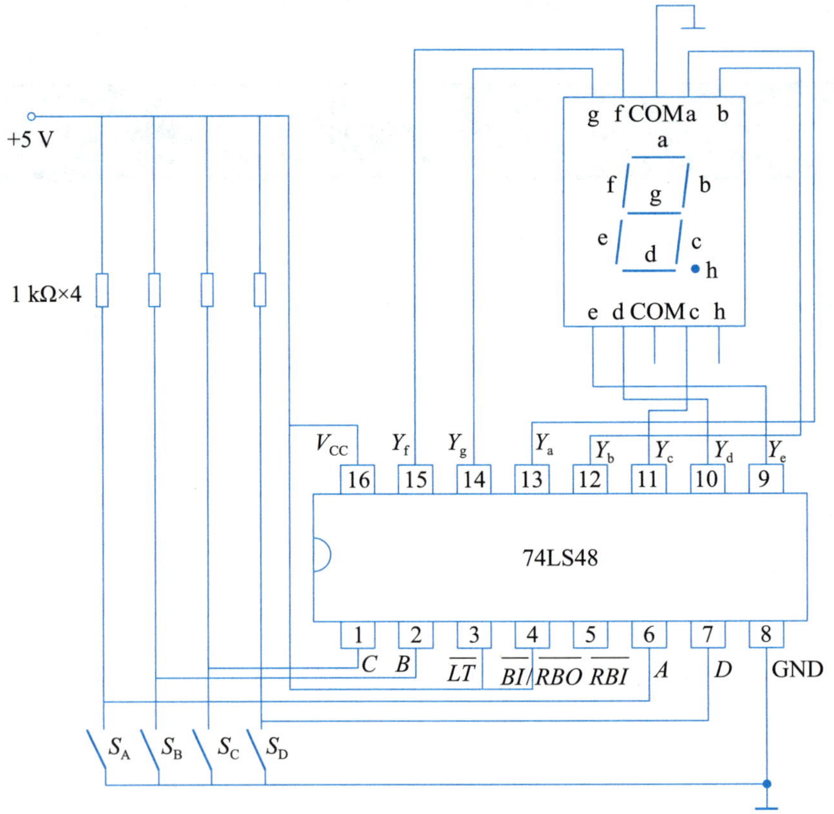

图 7-2-9　数码显示电路

三、小组讨论

（1）数字钟和火车站的车次显示屏分别属于哪种显示器？

（2）二进制译码器和二—十进制译码器有何区别？

四、考核评价

首先由学生根据操作任务的完成情况进行自评，然后同一小组内的同学进行互评，最后由授课教师进行综合评价。考核评价表见表 7-2-5。

表 7-2-5　考核评价表

任务内容	评分标准	配分	自评	互评	综合评价
数码管质量检测	会使用万用表检测数码管的质量	30			
电路的安装与调试	电路连接正确；元件安装牢靠；调试步骤正确；调试结果正确	40			

续表

任务内容	评分标准	配分	自评	互评	综合评价
职业素养与规范	着装规范（5 分） 准备工作充分（5 分） 遵守安全操作规程（10 分） 整理操作台（5 分） 不迟到早退（5 分）	30			
总分					
自评人：	小组成员：	日期：			
教师评价意见：					

任务三　时序逻辑电路的分析与调试

时序逻辑电路简称时序电路，是指在任一时刻，电路的输出状态不仅取决于该时刻的输入状态，还与前一时刻电路的状态有关。时序逻辑电路主要由存储电路和组合电路两部分组成。存储电路的基本单元是触发器，组合电路的基本单元是门电路。

知识链接

一、触发器

1. 概念

触发器是具有记忆功能、能存储数字信息的常用的基本单元电路，它是时序逻辑电路的重要组成部分。常见的触发器有基本 RS 触发器、同步 RS 触发器、主从 JK 触发器、D 触发器与 T 触发器等。

2. 基本 RS 触发器

根据输入信号 R、S 情况的不同，具有置 0、置 1 和保持功能的电路称为基本 RS 触发器。基本 RS 触发器通常由两个逻辑门电路交叉相连而成。如图 7－3－1（a）所示为由两个与非门 G1 和 G2 交叉相连的基本 RS 触发器的逻辑图，基本 RS 触发器的逻辑符号如图 7－3－1（b）所示。

7－3　基本 RS 触发器

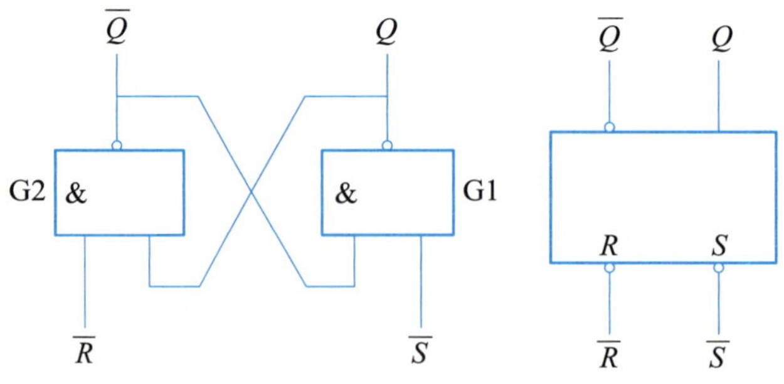

（a）逻辑图　（b）逻辑符号

图 7－3－1　基本 RS 触发器

由与非门构成的基本 RS 触发器的逻辑功能见表 7－3－1。

表 7-3-1　基本 RS 触发器的逻辑功能

$\overline{R}$	$\overline{S}$	逻辑功能
1	1	保持
0	1	置 0
1	0	置 1
0	0	不确定（应避免）

3. 同步 RS 触发器

触发器的翻转与控制脉冲信号同步的触发器称为同步 RS 触发器。同步 RS 触发器的逻辑图和逻辑符号如图 7-3-2 所示。

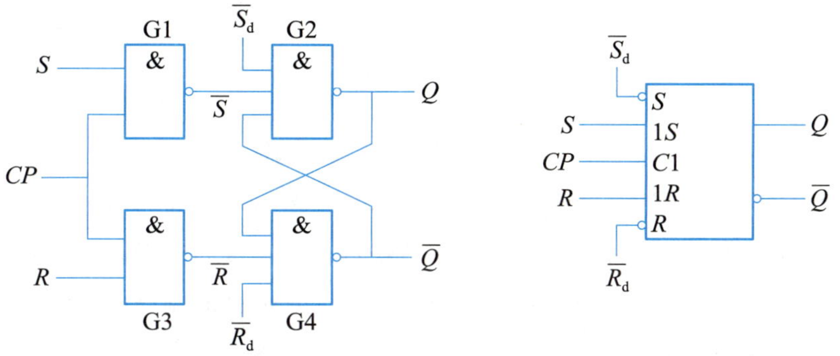

（a）逻辑图　　（b）逻辑符号

图 7-3-2　同步 RS 触发器

同步 RS 触发器的逻辑功能见表 7-3-2。

表 7-3-2　同步 RS 触发器的逻辑功能

CP	R	S	逻辑功能
0	任意	任意	保持
1	0	0	保持
1	0	1	置 1
1	1	0	置 0
1~0	1	1	不确定（应避免）

同步 RS 触发器和基本 RS 触发器的区别：同步 RS 触发器就是在基本 RS 触发器的复位端和置位端分别加一个与非门，作为时钟的门控信号，仅在时钟高电平时，复位和置位有效。换言之，时钟为高电平时，同步 RS 触发器的功能等同于基本 RS 触发器。

4. 主从 JK 触发器

主从 JK 触发器主要由两个同步 RS 触发器组成。主从 JK 触发器的逻辑图和逻辑符号如图 7－3－3 所示。

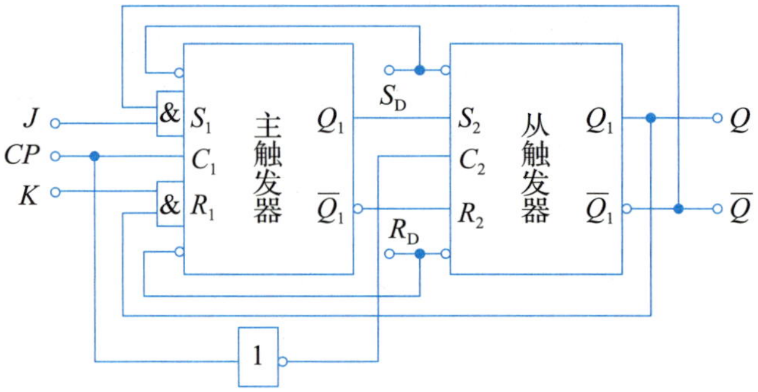

（a）逻辑图

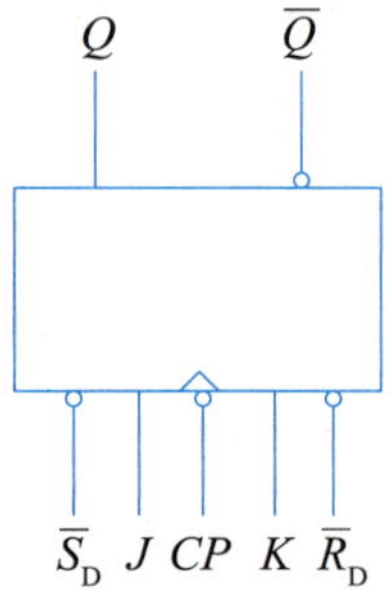

（b）逻辑符号

图 7－3－3　主从 JK 触发器

主从 JK 触发器具有保持、置 0、置 1 和翻转计数功能。

（1）$J=0$，$K=0$，时钟脉冲触发后，触发器的状态不变，即 $Q_n+1=Q_n$。

（2）$J=0$，$K=1$，不论触发器原来是何种状态，时钟脉冲触发后，输出均为 0 态。

（3）$J=1$，$K=0$，不论触发器原来是何种状态，时钟脉冲触发后，输出均为 1 态。

（4）$J=1$，$K=1$，时钟脉冲触发后，触发器的新状态总是与原来的状态相反，即 $Q_n+1=\overline{Q}_n$，这种情况下，触发器具有计数功能。

初始状态为 0 的主从 JK 触发器在输入不同的信号 J、K、CP 时，Q 端输出的波形如图 7－3－4 所示。

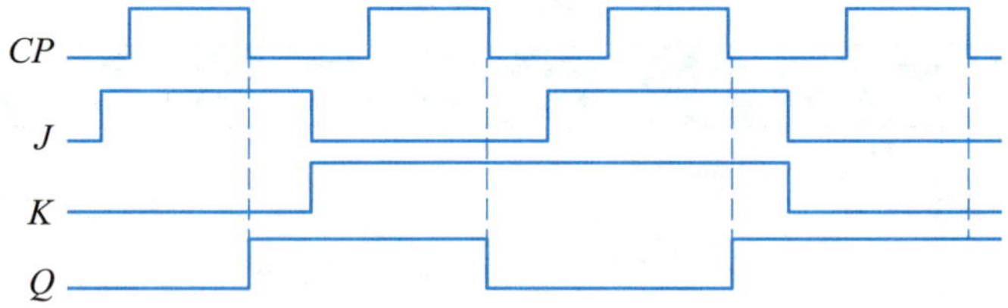

图 7－3－4　Q 端输出的波形

5. D 触发器与 T 触发器

（1）D 触发器。

将主从 JK 触发器的 J 端通过一个与非门与 K 端相连，并把 J 端定为 D 端，输入信号只从 D 端进入，这样就构成了只有一个输入端的 D 触发器。D 触发器的逻辑图和逻辑符号如图 7－3－5 所示。

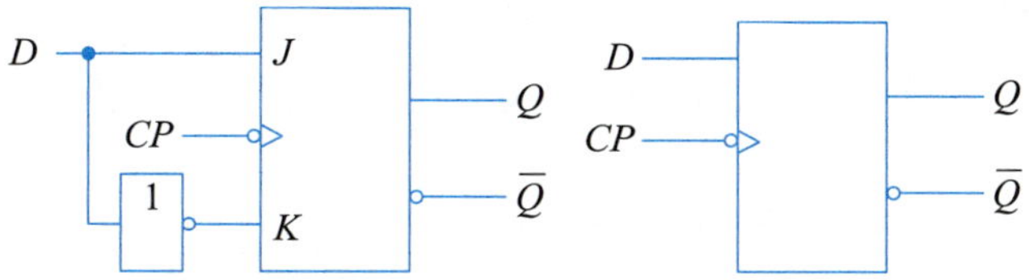

（a）逻辑图　　（b）逻辑符号

图 7－3－5　D 触发器

在 D 触发器中，当 $D=1$ 时，则 $J=0$，$K=0$，CP 脉冲下降沿到来后触发器置 1。

在 D 触发器中，当 $D=0$ 时，则 $J=0$，$K=1$，CP 脉冲下降沿到来后触发器置 0。

（2）T 触发器。

将主从 JK 触发器的 J、K 端连接起来作为一个输入端 T，便可构成 T 触发器。T 触发器的逻辑图和逻辑符号如图 7－3－6 所示。

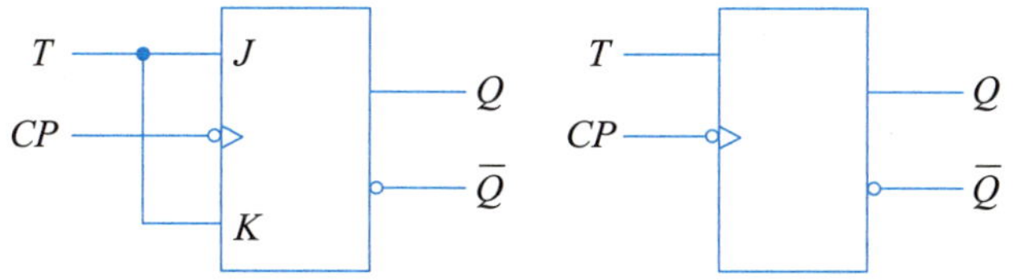

（a）逻辑图　　（b）逻辑符号

图 7－3－6　T 触发器

在 T 触发器中，当 $T=1$ 时，每次来一个时钟脉冲，触发器状态就翻转一次，为计数状态。

在 T 触发器中，当 $T=0$ 时，保持原态不变。

二、寄存器

1. 概念

寄存器是数字电路中的一个重要部件，具有存储二进制数码或信息的功能。寄存器是由具有存储功能的触发器组合而成的，一个触发器可以存储 1 位二进制代码，存放 n 位二进制代码的寄存器需用 n 个触发器构成。

2. 数码寄存器

用于存放二进制数码的寄存器称为数码寄存器，如图 7－3－7 所示。数码寄存器的输入与输出均采用并行方式，数码寄存器由 4 个 D 触发器组成，$D0 \sim D3$ 是寄存器的数码输入端，$Q0 \sim Q3$ 是寄存器的数码输出端。

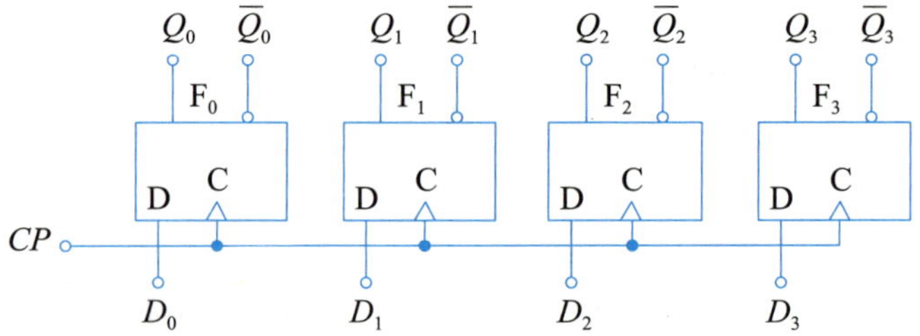

图 7-3-7　数码寄存器

3. 移位寄存器

移位寄存器具有数码寄存和移位两种功能。移位是指每次来一个移位脉冲，触发器的状态便向相邻的触发器转换（左移或右移），从而使寄存的数码在移位脉冲的控制下依次进行移位，移位可以单向进行也可以双向进行。集成移位寄存器 74LS194 如图 7-3-8 所示，具有清零、保持、送数、右移及左移功能，是一个功能齐全的双向移位寄存器。

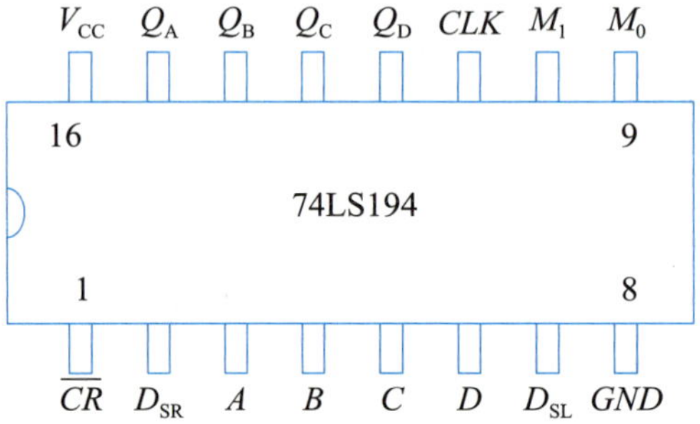

Q_A Q_B Q_C Q_D：并出
$ABCD$：并入
D_{SR}：右移串入
D_{SL}：左移串入
M_1 M_0：方式控制
$\overline{CR}$：清0
CLK：移位脉冲
V_{CC}、GND：+5

图 7-3-8　集成移位寄存器 74LS194

三、计数器

1. 概念

计数器是能够累计输入脉冲数目的数字电路，还常用于数字系统的定时、分频以及执行数字运算和其他特定的逻辑功能。计数器的种类较多，按计数长度可分为二进制、十进制及 N 进制计数器；按计数脉冲的引入方式可分为异步工作方式和同步工作方式计数器两类；按计数的增减趋势可分为加法、减法及可逆计数器。

7-4　时序逻辑电路

2. 异步二进制加法计数器

二进制数只有 0 和 1 两个数码，用一个双稳态触发器的两个状态即可表示 1 位二进制数。

二进制数的加法规则是“逢二进一”。用 4 个主从 JK 触发器组成的 4 位二进制异步加法器如图 7-3-9 所示，计数脉冲加到最低位触发器 FF0 的 CP 端。

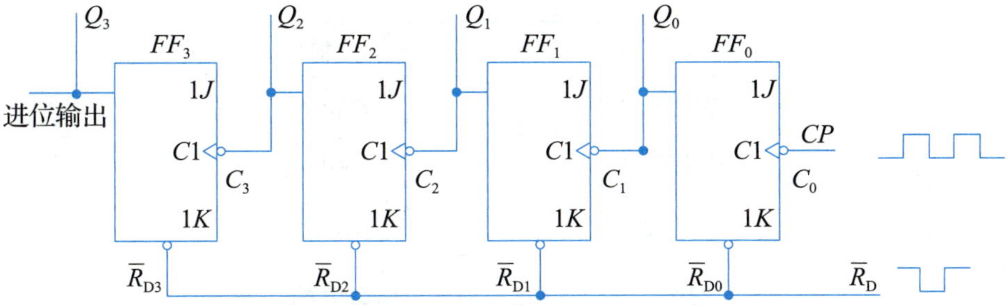

图 7-3-9　4 位二进制异步加法器

该计数器使用的是 8421BCD 码，由于各位触发器的状态是从低位向高位逐次翻转的，与计数脉冲的输入是不同步的，因此称为异步计数器。

3. 异步十进制加法计数器

由 4 个主从 JK 触发器组成的异步十进制加法计数器如图 7-3-10 所示。十进制计数器多使用 8421BCD 码。

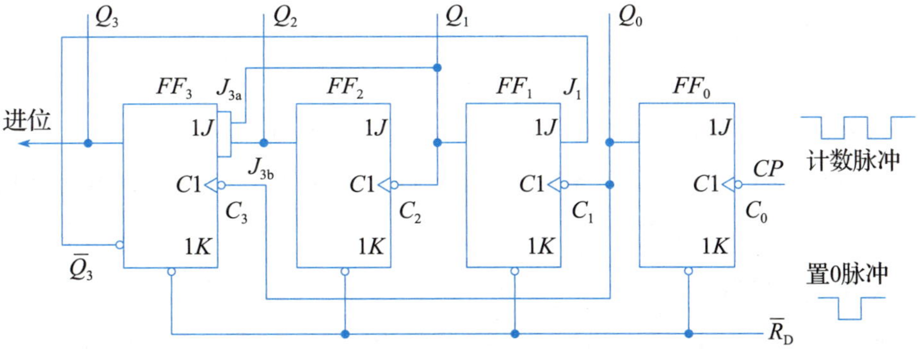

图 7-3-10　异步十进制加法计数器

四、555 定时器

7-5　555 定时器

1. 概念

555 定时器是一种应用极为广泛的中规模集成电路，广泛用于信号的产生、变换、控制与检测。目前生产的定时器有双极性和 CMOS 两种类型，型号包括 NE555（或 5G555）和 C7555 等多种。它们的结构及工作原理基本相同。通常，双极性定时器具有较大的驱动能力，而 CMOS 定时器具有低功耗、输入阻抗高等优点。555 定时器工作的电源电压很宽，并可承受较大的负载电流。双极性定时器电源电压范围为 5～16V，最大负载电流可达 200mA；CMOS 定时器电源电压范围为 3～18V，最大负载电流在 4mA 以下。

2. 555 定时器的引脚功能

555 定时器有 8 个引脚，如图 7-3-11 所示。

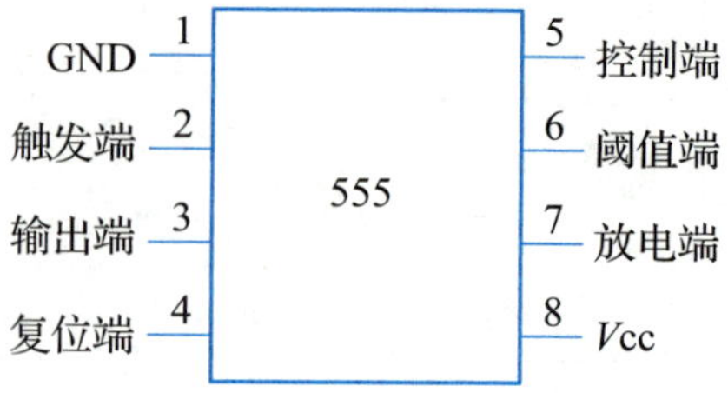

图 7-3-11　555 定时器引脚结构图

555 定时器 8 个引脚的功能如下：

1 脚：外接电源负极或接地。

2 脚：低触发端 TR。

3 脚：输出端 V_O。

4 脚：直接清零端。此端接低电平时，时基电路不工作。该端不用时应接高电平。

5 脚：控制电压端。若此端外接电压，则可改变内部两个比较器的基准电压。该端不用时应串入一只 0.01μF 电容接地，以防引入干扰。

6 脚：高触发端 TH。

7 脚：放电端。该端与放电管集电极相连，用于电容放电。

8 脚：外接电源 V_{CC}，双极型时基电路 V_{CC} 的范围是 4.5～16V，CMOS 型时基电路 V_{CC} 的范围是 3～18V，一般用 5V。

3. 555 定时器的应用

555 定时器成本低，性能可靠，只需要外接几个电阻、电容，就可以构成施密特触发器、单稳态触发器和多谐振荡器等脉冲产生与交换电路。

施密特触发器是一种双稳态触发器，具有 0 和 1 两个稳定状态。

单稳态触发器常用于脉冲整形、延时以及定时等。单稳态触发器的暂稳态通常是靠 RC 电路的充、放电过程来维持的，RC 电路可接成两种形式：微分电路和积分电路。

多谐振荡器是一种自激振荡器，没有稳定状态，不需要外加触发信号，接通电源就能自动产生矩形脉冲信号。因此它又称作无稳态电路，常用作脉冲信号源。

任务实施

一、任务导入

在 555 定时器外部接简单的辅助电路，就能构成多种具有不同用途的脉冲数字电路，施密特触发器就是一种常见的脉冲波形变换电路，本任务要求对施密特触发器电路进行安装与调试。

二、工作过程

7-6　施密特触发器

施密特触发器电路的安装与调试

（1）准备工作：555定时器，0.01μF的电容，面包板，信号发生器，示波器，导线若干。

（2）查询555定时器的内部结构图及各引脚功能，填入表7-3-3。

表7-3-3　555定时器资料记录

<table>
<tr><th>型号</th><th>555定时器</th><th>内部结构图</th><th>引脚编号</th><th>引脚功能</th></tr>
<tr><td rowspan="8">主要功能</td><td rowspan="8"></td><td rowspan="8"></td><td>1</td><td></td></tr>
<tr><td>2</td><td></td></tr>
<tr><td>3</td><td></td></tr>
<tr><td>4</td><td></td></tr>
<tr><td>5</td><td></td></tr>
<tr><td>6</td><td></td></tr>
<tr><td>7</td><td></td></tr>
<tr><td>8</td><td></td></tr>
</table>

（3）根据图7-3-12所示的电路原理图在面包板上连接电路。

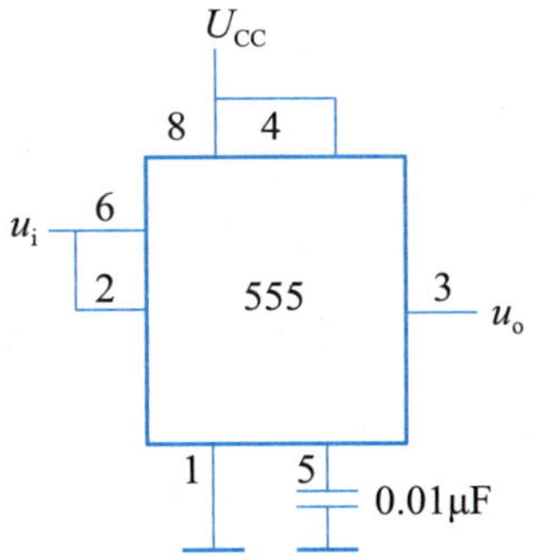

图7-3-12　施密特触发器电路原理图

（4）用信号发生器分别给电路通入频率为1Hz的正弦波、三角波和锯齿波作为输入信号，将示波器的通道1接输入、通道2接输出。将观察到的输入波形和输出波形填入表7-3-4中。

表 7-3-4　通过施密特触发器的波形

输入波形	输出波形
正弦波	
三角波	
锯齿波	

三、小组讨论

（1）生活中，哪些家用电器用到了 555 定时器？

（2）施密特触发器除了可以变换波形之外，还有哪些应用？

四、考核评价

首先由学生根据操作任务的完成情况进行自评，然后同一小组内的同学进行互评，最后由授课教师进行综合评价。考核评价表见表 7-3-5。

表 7-3-5　考核评价表

任务内容	评分标准	配分	自评	互评	综合评价
555 定时器的认识	掌握 555 定时器管脚结构及功能；电路连接正确，一次通电成功	30			
电路的调试和波形的观察	调试步骤正确；示波器使用正确	40			
职业素养与规范	着装规范（5 分） 准备工作充分（5 分） 遵守安全操作规程（10 分） 整理操作台（5 分） 不迟到早退（5 分）	30			
总分					
自评人：	小组成员：		日期：		
教师评价意见：					

项目小结

（1）模拟信号是连续的，数字信号是离散的，二者可以相互转换。

（2）数字电路抗干扰能力强、可靠性高、功耗低。

（3）十进制与二进制是常用的数制，两者可以相互转换。

（4）8421BCD 码是常用的编码。

（5）三种基本逻辑关系是与、或、非，对应的逻辑门电路是与门、或门、非门。

（6）复合逻辑门包括与非门、或非门和异或门等。

（7）把某种具有特定意义的输入信号编成若干位二进制代码的过程称为编码，能够实现编码的电路称为编码器。

（8）译码是编码的逆过程，实现译码功能的电路称为译码器。

（9）七段半导体数码显示器是常用的显示译码器。

（10）七段显示译码器的每段发光二极管有共阳极和共阴极两种接法。

（11）触发器是具有记忆功能的基本单元电路，常见的触发器有基本 RS 触发器、同步 RS 触发器、主从 JK 触发器、D 触发器与 T 触发器等。

（12）计数器是能够累计输入脉冲数目的数字电路，还常用于数字系统的定时、分频以及执行数字运算和其他特定的逻辑功能。

（13）寄存器是数字电路中的一个重要部件，具有存储二进制数码或信息的功能。寄存器是由具有存储功能的触发器组合而成的。

（14）555 定时器是一种模拟和数字功能相结合的中规模集成器件，广泛应用于波形的产生与变换，测量与控制。

（15）施密特触发器是一种常见的脉冲波形变换电路。

练习题

一、单选题

1. 数字电路采用二进制数，抗干扰能力（　　）。

A. 强　　B. 弱

2. 高电平使用逻辑信号（　　）表示。

A. 0　　B. 1　　C. 2　　D. 3

3. 输出电平与输入电平反相，输出电平和输入电平之间是非逻辑关系，所以该电路称为（　　）门。

A. 与　　B. 或　　C. 非

4. 74LS00 是一种（　　）门。

A. 与非　　B. 或非　　C. 异或

5. 半导体数码管的优点是工作电压（　　）。

A. 高　　B. 低　　C. 不确定

6. 基本的逻辑关系只有与、或和（　　）。

A. 与非　　B. 或非　　C. 非　　D. 异或

7. 半导体发光二极管是一种能将电能或电信号转换成（　　）信号的发光器。

A. 声音　　B. 光　　C. 压力

二、判断题

1. 电子电路处理的电信号可以分为两大类：模拟信号、数字信号。（　　）

2. 一切非正弦的、带有突变特点的波形统称为脉冲。（　　）

3. 常用逻辑 1 表示高电平、逻辑 0 表示低电平。（　　）

4. 或门的逻辑功能为“有 1 出 1，全 0 出 0”。（　　）

5. 按电路逻辑功能的特点，数字电路可分为组合逻辑电路和时序逻辑电路。（　　）

6. 组合逻辑电路的种类很多，常见的有编码器、译码器、数据选择器、数字比较器等，还有专用的中规模集成器件。（　　）

7. 半导体数码管内部有两种接法：共阳极接法和共阴极接法。（　　）

8. 数字电路广泛应用于数字通信、自动控制、数字测量仪表、家用电器、电子计算机等领域。（　　）

9. 二进制数的计数规律是“逢二进一”。（　　）

10. 译码是编码的逆过程。（　　）

11. 分段式数码管利用不同的发光段组合来显示不同的数。（　　）

参考文献

[1] 庄丽娟，高雪．模拟电子技术项目教程［M］.2 版．北京：高等教育出版社，2023.

[2] 赵书玲，陈德海．电工电子技术［M］. 北京：机械工业出版社，2023.

[3] 丁卫民，陈立平．电工电子技术与技能［M］.3 版．北京：机械工业出版社，2021.

[4] 付植桐，张永飞．电子技术［M］.6 版．北京：高等教育出版社，2019.

[5] 华成英．模拟电子技术基本教程［M］. 北京：高等教育出版社，2020.

[6] 黄淑琴，赵亚平，树龙珍，等．电工电子技术应用［M］. 北京：机械工业出版社，2018.

[7] 于宝明．电工电子技术［M］.2 版．北京：高等教育出版社，2019.